地域１番店になる！

「競合店調査」の上手なすすめ方

Yoshinari Noda 野田 芳成

同文舘出版

はじめに

みなさんは「競合店」のことを知っていますか？
厳しい経営環境の時代に、競合店は何をしているのか、考えたことはありますか？
競合店を週に何回くらい見に行きますか？
地域のお客様はあなたの店をどう思っているのか、知っていますか？

　実際、地域の競合店やお客様のことをよく知っている、という経営者や店長はほとんどいません。「競合店を週に何回くらい見に行きますか？」と聞いても、ほとんどの店長や社長は「見に行く時間はありませんよ。それに何度見に行っても同じですから」といわれます。

　しかし、繁盛店の経営者や店長は違います。競合店が何をしているかを気にし、お客様が他店に行く理由を知りたがっています。ある大手書籍チェーンの社長に「競合店調査をしていますか？」と聞くと、「うちは毎日やっていますよ」と答えが返ってきました。毎日、競合店に行き、人気書籍の陳列手法やお客様の入りをチェックして、自店の仕入れや売場に反映しているそうです。この書籍チェーンは不況の中でも業績を伸ばしています。繁盛店の経営者や店長は競合店やお客様について定期的に調べるクセがついており、常に競合店との関係で1番を目指しています。

　繁盛店づくりの第一歩は、地域でひとつでも多く1番のモノやヒトやサービスを持つこと。そのために競合店を知り、モデル店を真似し、お客様を知ることが大切なのです。競合店調査をすると今まで気づいていなかったことがわかります。有効な競合店対策を立てることで店の方向性も決まり、業績も上がります。

　この本では時間のない店長やスタッフが、日々の業務の中でできる競合店調査の手法を中心に、様々な調査のやり方やポイントを紹介しています。

　競合店調査には「価格調査」だけではなく、「売場調査」や「商圏調査」「サービス調査」「販促調査」「品揃え調査」など様々な調査があります。目的ごとに調査の手法を学んでいただければと思います。

私たちコンサルタントの仕事は調査が基本です。私もこれまでに５００店近い店や会社を調べてきました。調査から学ぶことは本当にたくさんあると感じています。

調査は手間や時間がかかりますが、誰でもすぐにできる「簡易調査」なら日々の業務の中でできます。調査の要点を知り、自店なりの調査手法を確立していただければと思います。

また、本書では競合店調査だけでなく、モデル店や自店調査なども紹介しています。多面的な調査で「自分を知り、敵を知り、お客様を知る」繁盛店づくりのお手伝いができればうれしく思います。

もちろん、

・1番店を目指している！
・ライバルに勝ちたい！　倒したい！
・自店の方向性が定まらない
・売上、集客を上げたい
・大型店の出店が決まって競合対策を考えている

という方にもおすすめの内容です。ぜひ、ご一読ください。

最後に、この本の出版にあたりお世話になりました同文舘出版の古市達彦氏、まとまらない原稿を仕上げていただいた津川雅代さん、ありがとうございました。

何度も筆を置きそうになるなかで励ましてくれた小野達郎氏、井手聡氏、福本晃氏、グループのみんな、この本が出るのもみな様のおかげです。

また様々なことを学ばせていただいたご支援先のみな様にも感謝の気持ちを伝えたいと思います。

ありがとうございました。

２００９年９月

野田芳成

地域1番店になる！「競合店調査」の上手なすすめ方◎目次

3章 競合店と差をつける差別化の考え方

6章 売場調査の具体例

9章 飲食業の競合店調査

10章 経営に活かす競合店調査

表紙デザイン　齋藤稔
本文ＤＴＰ　一企画

づくりの第一歩

1 章

競合店調査は繁盛店

1-1 地域で1番になるために欠かせない競合店調査

●1番店とはどんな店舗か

地域で1番繁盛している店には1番の商品が必ずあります。自店の商品やサービスが1番になれる領域を見つけることが繁盛店づくりの第一歩です。1番とは競争相手（競合店）の中で1番であり、1番になるには、常に競合を意識する必要があります。業績のあまりよくない経営者に「1番の店を目指しましょう！」と話すと、多くの方は「私の店舗は地域でも小さな店舗ですから、1番といっても……」と戸惑います。たしかに店舗規模や品揃えで考えると全国チェーンや大手企業には勝てないでしょう。しかし、品揃えで勝てなくても商品の領域をしぼり込むことで、どんな店舗も1番を見つけることができます。その1番を見つけることが繁盛店づくりのスタートになります。同時に競合店と競争しない「非競争」の部分を見つけることも「利益を生み出す」ための大きなテーマです。

●客観的な資料集めが必要

ところで、何をもって「1番」というのでしょうか？何の根拠もなく「うちの店舗は接客レベルは他店には負けません」といわれても、すぐには信じがたいものがあります。客観的な根拠がなければ自己満足の域を出ないからです。1番店を目指すには客観的な資料集めが必要です。自店のどの部分が競合店よりも強いのか、地域で1番といえるのかを数値で捉え、客観的に判断しなければなりません。地域で1番のものを見つけて伸ばす、いわゆる競合店と差別化して勝つことは、経営者が常に考えなければなりません。自店の得意分野を磨き込むためにお客様を知り（顧客調査）、競合店（競合店調査）やモデル店（モデル店調査）に学んでいきましょう。

競合店調査は継続することが重要です。そのためには①お金と人手をかけずに、②短時間ででき、③目的に合わせて、④結果を店舗や経営に反映する仕組み、これらが必要です。少子高齢化社会や所得の階層化など日本経済は大きな変化の時代に入りました。この大激変の時代にこそ、正しい競合店調査の手法を確立して、地域で1番の店舗づくりを目指していただければと思います。

繁盛店へのサイクル

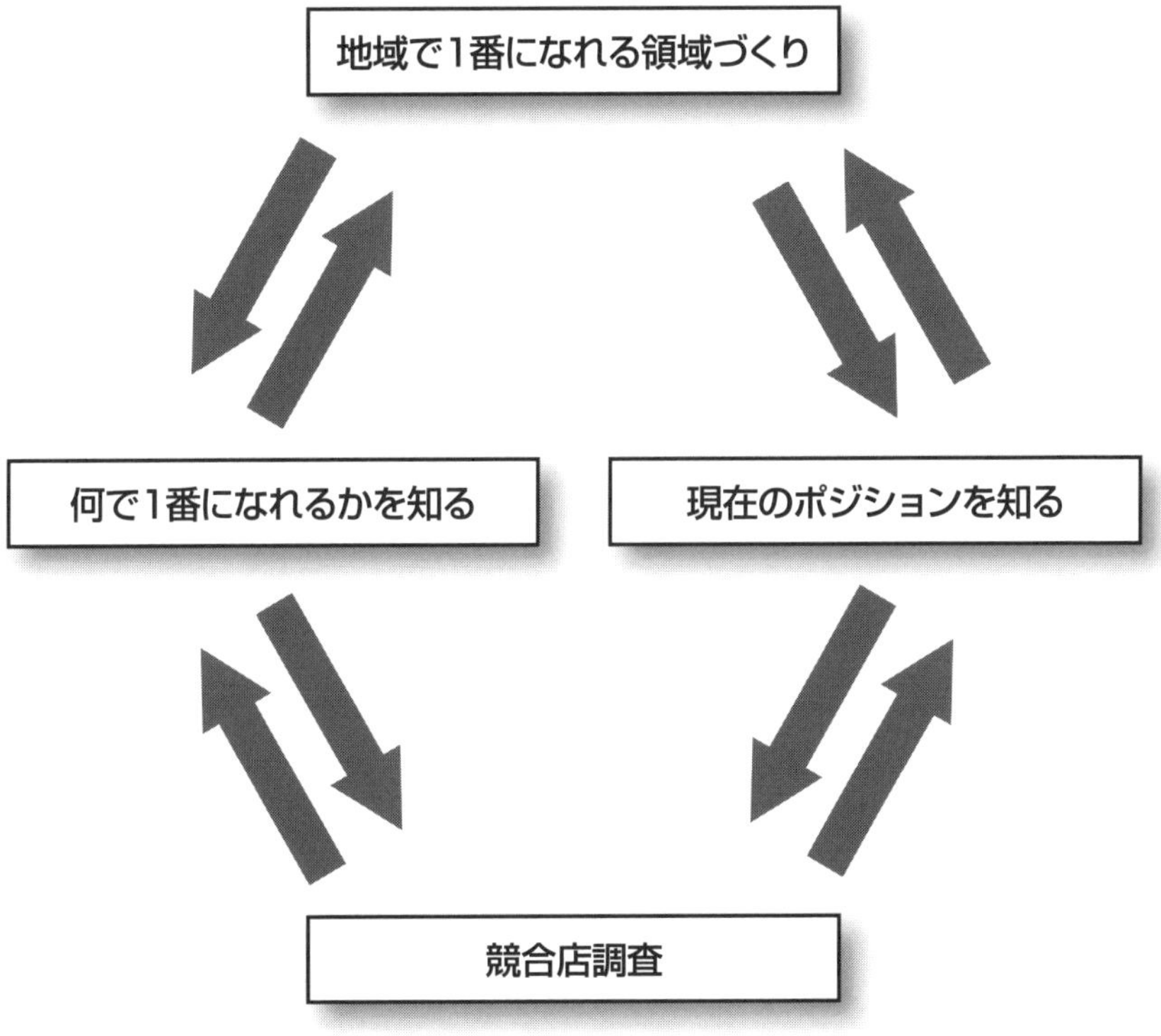

ポイント

1番を目指すには競合店調査が欠かせない。
1番の領域をつくるには常に競合店調査でポジションを確認する。
ひとつでも多くの1番の領域を持っている店が繁盛店となる。

1-2 何のための競合店調査か目的を共有化する

●競合店調査の目的を考える

競合店調査を行っている店舗の調査内容を見ると「価格調査」が圧倒的に多くあります。競合店調査＝価格調査といえるくらいです。たしかに、競合店の価格を調査して競合店よりも安く売るための価格調査は、ディスカウント系の小売業では必須の調査です。しかし価格調査ばかりしていると結局は「価格競争」に陥り、資本力に差のある中小小売店には勝ち目がありません。

そもそも競合店調査を行う目的はなんでしょうか。それは、客観的に自店と競合店とのポジショニングを知り、自店が勝てるところを探し、伸ばしていくことです。そのために自店が商圏内で「何で1番になりたいのか」を明確にしなければなりません。また、季節や目的に応じて調査内容は変化するはずです。

目的も考えずに、いつも同じ調査（定番調査）を続けていると、毎回、単なる数値取りで終わってしまい、店づくりや経営に活かす競合店調査ができなくなってしまうのです。

●何で1番になるのかを決めること

競合店調査を行う前にまず決めなければならないことは「自店が何で1番になるのか」、「どこで競合店に勝ちたいのか」を明確にすることです。

そのために「競合店との差」を客観的な数値で判断することが調査の大きな目的になります。たとえば、「地域で1番のサービスを提供する店になりたい」と「1番化」の目標を決めたとします。そこで必要な競合店調査の項目は「地域他店舗でのサービス方法の種類を知ること」になります。この場合、サービスに関する競合店調査シートを作成し、数値化できる項目、たとえばサービスの種類と価格について調べます。

あるいは「接客力で1番になりたい」という1番化の目標ならば、調べなければならない項目は「接客時間」であったり、「質問事項への返答内容」であったり、「売場での販売員の人数」などになります。なりたい店舗（目標）に対応して競合店調査でアプローチする項目は変化するのです。

自店の1番を決める

調査を行う前に決めること
- 自店が何で１番になるのか
- どこで競合店に勝ちたいのか

１番になりたい項目	内容
安さで１番	とにかく地域で１番安い！
品揃えで１番	大から小までないものはない！
商品量（ボリューム）で１番	とにかくたくさんあります！
品質で１番（味）	品質に自信あり！　安心、信頼の商品
接客で１番	親切・丁寧では負けません！
商品知識で１番	商品のことなら何でも知っています！
サービスで１番	地域で１番のサービス！　何でもご依頼ください
笑顔で１番	いつもさわやかな笑顔で接客します！
スピードで１番	即日対応、即返答

ポイント

たくさんの1番の領域や商品を持っているのが繁盛店。
繁盛店への第一歩はひとつでもいいから1番を目指すこと。

1-3 敵に差をつける競合店調査の考え方

●競合店調査から得られること

競合店調査を定期的に続けている店舗は意外と少ないようです。なぜでしょうか。それは「競合店と差をつけたい！」という願望や、「競合店のしていることが気になってしょうがない」といった危機意識を持っている経営者が少ないからです。

一方、繁盛し続けている会社や店舗は、常に競合店を意識しています。そして効果的に繁盛店と競合店の調査を続けているのです。そうした店舗は調査の手法や考え方が明確です。競合店調査を行うと、今まで悩んでいたことや店の改善点の答えやヒントがたくさん見つかります。

また調査をすることで、商売や商品に対する新しいノウハウや情報を得ることもできます。競合店から何かを得るためには、目的意識と目的に応じた競合店調査のやり方を考えましょう。そして、知りたい項目について自店と比較するクセをつけることが、調査を意味あるものにします。

●競合店調査の仕組みづくり

競合店調査には様々な手法があります。知りたい情報に応じた競合店調査を実施し、店づくりに反映させることが肝心です。自店のポジションや自店の戦闘エリアを調査するのが商圏調査や人口動態調査です。

さらに競合店の立地や店舗面積、取扱商品を把握することも重要です。また、自店と競合店を比べた時、それぞれのポジショニングからどういった戦術を展開していくのかを判断するために、価格調査や接客調査などを行います。知りたい情報を明確にして、調査項目が決まれば独自の調査シートを作成して調査し、内容を分析します。分析を基に仮説を立てて店舗に落とし込みます。

調査から実行までの仕組みを持って初めて、競合店調査は活きてくるのです。その仕組みづくりと目的に応じた調査手法を生み出す技術があれば、日々変化する店舗づくりが可能になるのです。そうした考え方と調査手法を蓄積し、継続、改善することが繁盛する店舗づくりの武器になっていきます。

競合店調査のステップ

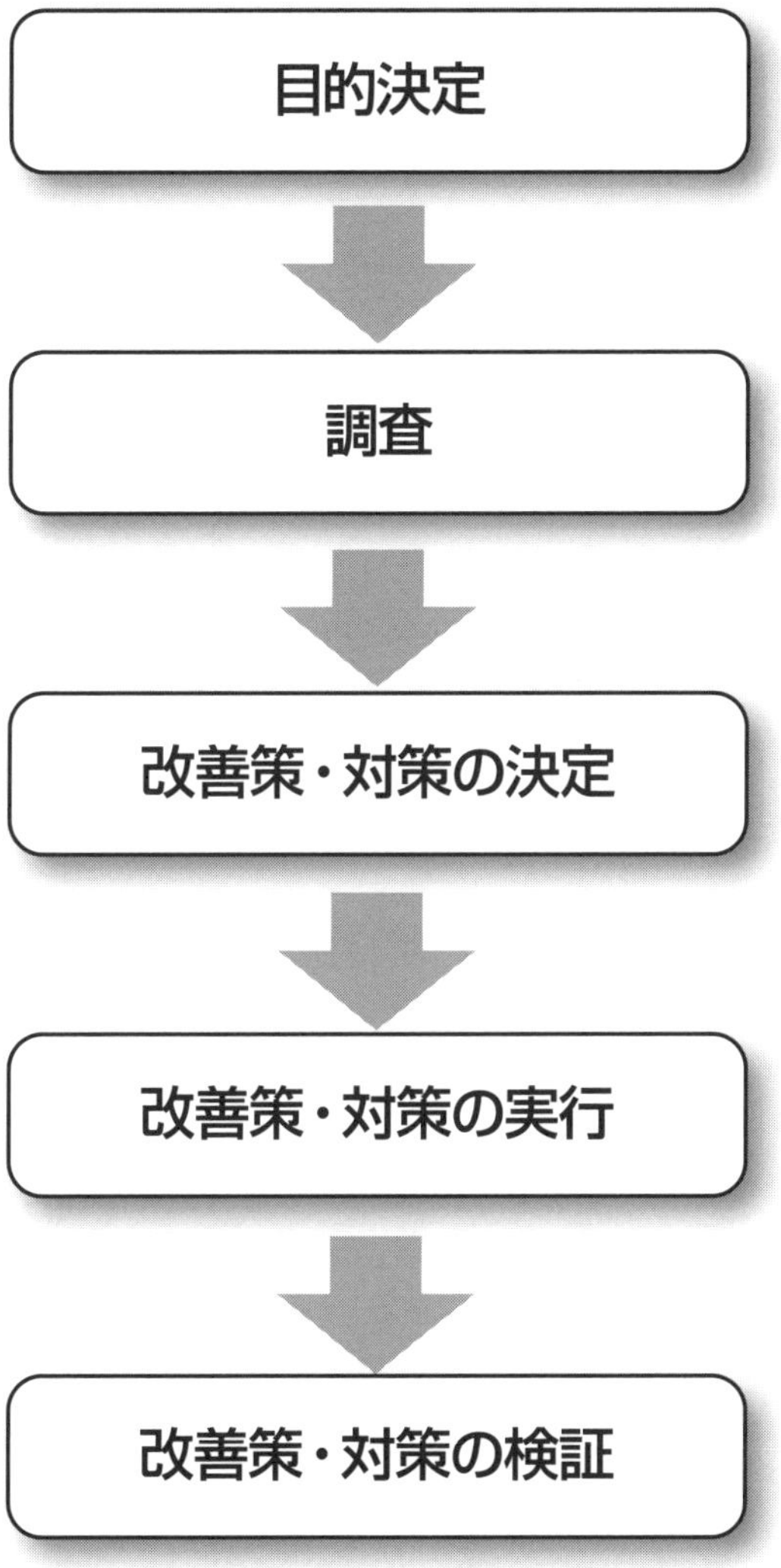

ポイント

1番になるために競合店調査を繰り返し、対策と改善を繰り返す。
少しでも目標に近づくためのステップを踏む。

1-4 「こうなりたい」というモデル店調査は店舗の指針

●モデル店を探そう

みなさんは店舗運営する際に「こんな店舗になりたい」という理想の「モデル店」をお持ちでしょうか？　競合店調査は自店の商圏内にあるライバル店を調べて、自店との差を生み出すことで商圏内の1番店づくりを目指す手法です。

しかし、自店の商圏内という限られたエリアの中だけでは、大きな時流や新しいアイデアを取り入れるには十分ではありません。そこで大切なのは、競合店調査と同じようにモデル店調査をすることです。モデル店は業界トップの企業や話題の店舗を押さえるのもいいですし、陳列手法や接客手法を異業種から学ぶことも大切なモデル事例です。

そして、モデル店のよいと思うところを真似ることで自店の店づくりに活かします。

●モデル店との違いを考える

モデル店調査で大事なことはモデル店の長所を見つけることです。調査の際はできるだけお客様目線で見て、考えます。まず、店舗に入っていいなと思うところは何だろうか？　ほかの店舗と違う点は何だろうか？　そして、その違いはどこから生み出されているのだろうか？と考えていきます。

あるメディアショップでの店長講習会で店長にモデル店について聞くと「品揃えも接客もモデル店には勝てません」といいます。「モデル店のよいところで、すぐ真似できることは何ですか？」と聞いても、誰も答えることができませんでした。モデル店を決めてはいるけれど、「自店より優れていて、真似できるところ」を常に考えなければ調査を活かしているとはいえません。

そのメディアショップでは翌月から、ＰＯＰの書き方や接客手法などモデル店のよいと思うところを、毎月必ずひとつずつ真似るよう話し合って実践してもらいました。その後、催事やＰＯＰ内容が変化し新しい取り組みが増え、店長も自信をつけています。毎月ひとつでもモデル店から真似るだけで、遠い存在だったモデル店が身近に感じることができるのです。

モデル店のチェックポイント

	テーマ	チェック
1	自店の課題テーマを明確に視察しよう	
2	店舗全体のイメージから商品へと、マクロからミクロに見る	
	1）まずは売場を一巡	
	2）売場の雰囲気づくりは？（BGM、ユニホーム、照明の明るさなど）	
	3）売場づくりの演出	
	4）商品の陳列手法	
	5）単品のPR手法は？　真似できるPOPは？	
	6）サービス、もてなしは？	
3	見方のポイント	
	1）よい点だけを見つけよう（欠点を見つけても役に立たない）	
	2）すぐ取り入れることのできることを見つけよう	
	3）お客様の立場で見よう	
	4）お客様の動きに注目しよう	
4	メモをしよう	
	1）参考になった点を３つ書く	
	2）自店ですぐに実践できることを書く	
	3）参加者同士で意見交換する	
	4）モデル店で学んだことの中から自店ですぐ実践できることを決める	

ポイント

モデル店のよいところを真似る。
調査の際は、できるだけお客様目線で見る。

1-5 自店の長所を見つける自店調査

●まずは己（自店）を見よう

孫子の兵法に「己を知り、敵を知れば百戦あやうからず」というものがあります。競合店調査やモデル店調査を行う前に必ず行わなければならないのが、己を知る自店調査です。

自店調査のデータを参考に競合店調査、モデル店調査をすることで、改善に向けたテーマや自店の強みをよりはっきりと把握できます。

また、競合店やモデル店調査をする際には「よい、悪い」の基準を持たなければなりません。その時の基準は当然、自店になるはずです。

●自店の長所、短所を明確に

独自のチェックシートを活用して自店の環境整備をしている店舗は多いと思います。ただし、自店チェックシートを自店の改善にのみ活用して、競合店と比較していない店舗がほとんどです。

また、毎月の棚卸も自店の現在の状況を知るには欠かせません。しかし、棚卸も自店の在庫資産を把握するだけで競合店と比較していない場合が多くあります。

毎月の自店チェックや棚卸資料などを基に、競合店とモデル店を調査し、比較を行うことで「自店と競合店の差」、「自店のポジション」などを把握でき、同時に自店の長所と短所が明確になります。明確になった自店の長所を磨き込んでいくと、独自固有の繁盛店ができ上がるのです。

●自店調査の方法

自店調査は定期的に行うことが必要です。ある小売店では自店調査を抜き打ちで1ヶ月に1回行っています。調査員は主婦のアルバイトです。毎月、店舗チェックシートを作成し、店舗の清掃状況や接客レベル、売場演出や品揃えなどを調べています。自店調査の結果を基にして毎月の店舗会議で改善点を考えています。

そして、自店調査のデータを基にして競合店との品揃えや売場演出、接客などの差をスタッフと話し合っています。毎月行う棚卸や自店のチェックも競合店と比較することで競合店との違いを認識することができるのです。

自店と競合店を比べて優位のものを探す

●調査結果比較表

調査項目	自店	A店	B店	地域1番店
売場面積（坪）	100	120	80	A店
㎡当たり在庫量	50	40	40	自店
商品アイテム数	700	1,000	500	A店
品揃え（品目）	70	120	60	A店
A商品の価格	1,200円	1,180円	1,200円	A店
売場従業員数	10	10	8	自店、A店

●自店調査をしてから、競合店調査を行う

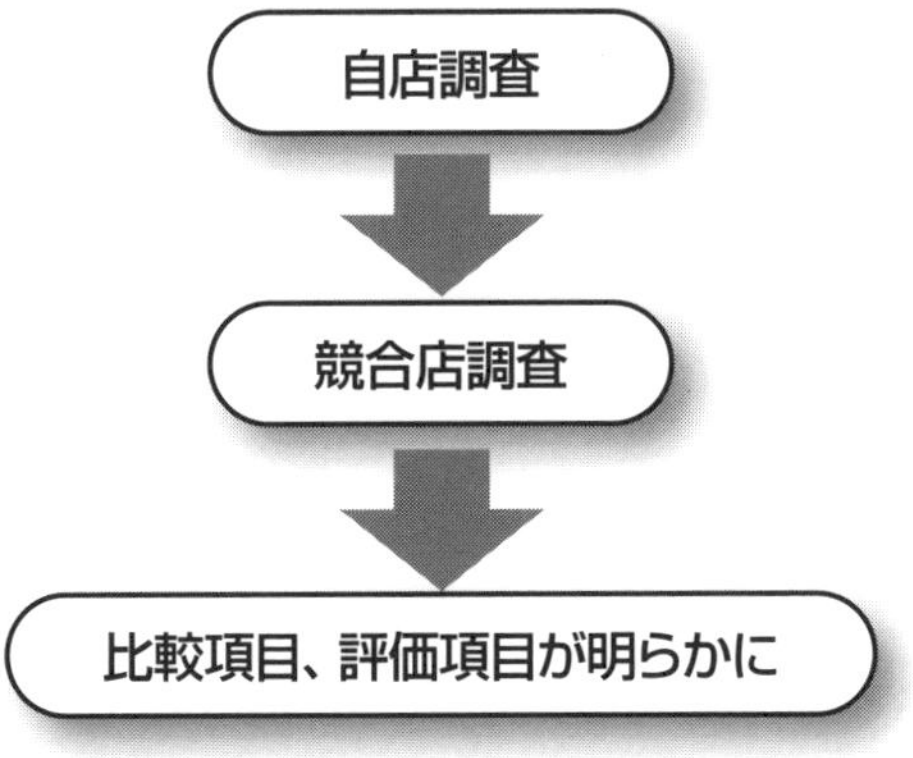

ポイント

調査項目は簡単に比較できるように表にまとめる。
地域の1番店はどこなのかを把握する。
スタッフ全員が表を活かせるようにコミュニケーションする。

1-6 差別化の基本数字「1・3」と「1・7」を使いこなそう

●差別化の数字を使いこなそう

「船井流数理マーケティング」では差別化の数字として「1：1・3」という数字を使います。これは長さの違いを認識する認知心理学の理論です。その実験では、1メートル、1・1メートル、1・2メートル……というように、10センチごとに長さの違う棒を用意して、まず人に1メートルの棒を10秒見せたところで隠し、次に1本ずつ残りの棒を見せていきます。そして、はじめの1メートルの棒より長く見えるのはどの長さか、ということを調べていくと、1・3メートルを見た時にほとんどの人が差を認識したのです。

「誰でも長さの差が認知できるのは1に対して1・3」ということが差別化の基本となる数値です。たとえば、売場面積の場合では面積の比率（面積＝縦×横）を使うため、1・3の二乗：1の二乗＝1・69：1ということで、約1・7倍以上の売場面積にすれば、競合店よりも明らかに広い売場面積の店舗であるということを認識させることができます。

●競合店と差をつける！

競合店調査を実施する際、商品や売場などをこの1・3と1・7という数字を使って自店と競合店との差別化を行います。たとえば、衣料品店がパンツの品揃えで1番を目指しているなら、競合店のパンツの品揃えよりも1・3倍多く商品を持てば明らかに競合店と比べて商品量が多く見えます。さらに、売場面積で競合店の1・7倍の差をつければ、売場面積、品揃えともに地域で1番大きく、商品量も多い店という認識を得ることができます。

また、接客時間で1・3倍長くする、販促ツールなどの投入量で競合店よりも1・3倍多くするなど、あらゆる点で差別化の数字として活用していきます。

また、価格の差でもこの差別化の数字は応用できます。競合店に対して「安さ」を打ち出したい場合に1÷1・3＝0・76＝24％、1÷1・7＝0・56＝46％の計算によって、値引き品は24％引き、目玉品は46％引きのように差を演出すると、お客様は「安さ」をより感じて、自店を選ぶことになります。

差別化の数字を覚えよう

数量の場合は1に対して1.3倍以上の差をつくる

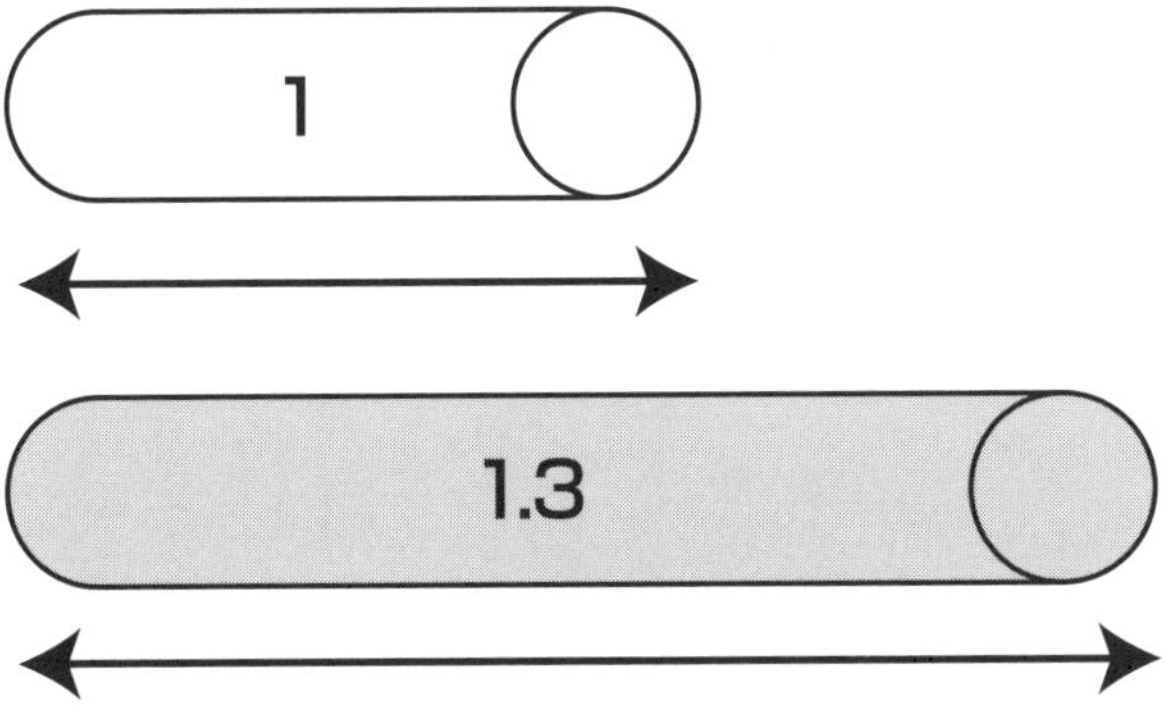

面積の場合は1に対して1.7倍以上の差をつくる

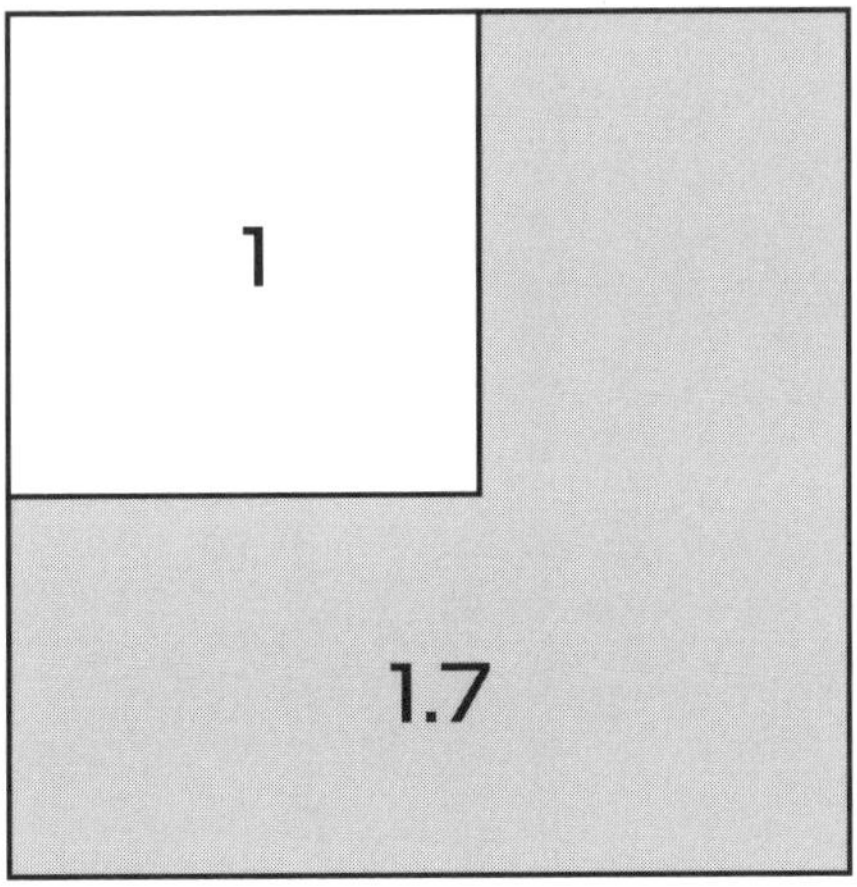

ポイント

差別化の数字「1.3」と「1.7」の考え方をマスターする。
線は1.3倍、面は1.7倍以上の差をつけると明らかに差を認知する。
数量的な差は競合店と1.3倍、1.7倍の違いを出すこと。

1-7 お客様視点を忘れずに

●買い物をしてわかる「お客様視点」

競合店調査をする際に心がけることはお客様視点で店舗を見ることです。特に調査を繰り返していると、プロ(同業者)の視点から店舗を見てしまい、ちょっとしたことを見落としてしまうことがあります。

お客様視点は、お客様の行動をしてみないとわかりません。そのためには、競合店で買物をしてみるのが1番です。自分で買物をする時に感じることがお客様の感じていることです。差別化したいと思う商品群があるなら、数量調査や価格調査をする前にお客様視点で感じてみることです。お客様は買物をする際、調査者の意図するように、単純に品揃えの多さや価格の安さだけでは購買を決定しないものです。

消費者が成熟してくると、店舗の安心感、商品の見栄えのよさなど、情緒的な面が購買決定を大きく左右するからです。競合店を見るときは調査者として見る前にお客様として、どの商品に目をとめたのか、どのような訴求方法に心奪われたのか、商品の取りやすさや買いやすさ、接客などをチェックするようにします。

あらゆる判断基準としてお客様ならどう思うか、自分がお客様ならどう感じるか、といったお客様の目線で考えます。そのためにも普段からお客様目線で買物をするくせをつけたいものです。

●マンネリ化現象に気をつけよう

「競合店調査のマンネリ化現象」にも気をつけなければいけません。同じ人が同じ店を何度も調べていると、だんだんと店舗のちょっとした変化に気づかなくなります。さらに、一度感じた印象はそう簡単には覆ることはありません。先入観がインプットされると変化を見逃してしまうのです。

できれば店舗のスタッフなど、時には違う人に調査を実施してもらい、いつもと違う視点でチェックすることです。スタッフが気づいた変化を見てみると意外な発見があります。市場の変化を知るには「お客様目線」を重視し、調査が「マンネリ化」しないよう気をつけなければなりません。

お客様視点のチェックポイント

- 商品を実際に買うことを前提にお店に入る
- 店に入った時の印象（きれい、明るい）
- 店内を一周回ってみる
- 店内の販促物の何にひかれるか（訴求方法を見る）
- 商品は手に取りやすかったか
- 値段は買いやすかったか
- 最終的に買った商品を選んだ理由を考える

この商品おもしろそうだな
長おすすめ
選品コーナー

1-8 よい調査を行うには準備が重要

●調査の前に準備するもの

競合店調査をすることが決まったら、調査の準備をします。調査の前には、①競合店調査の目的確認、②店舗チェックシートやシナリオ、調査後の報告フォーマットの作成、③調査基準の設定、この3点を行います。特に②の店舗チェックシートの作成と調査後のフォーマットをしっかりつくっておくことはよい調査に必要です。

調査を行う前に調査後の報告書のフォーマットを決めておくと、提案しなければならない内容が明確になり、調査もスムーズに進みます。調査後のフォーマットは競合店と自店との比較ができ、比較ポイントが明確なものがよいでしょう。

調査の前に報告書の完成イメージがあることが、よい調査を行う心構えになります。

●事前に調査の練習をする

大きな店舗を複数のメンバーで調査する場合は、調査前に予備調査を実施するとよいでしょう。特にこれまで実施したことのない調査をする時や、初めて調査を行う調査員がいる場合は、調査内容を確認しておくとスムーズに進みます。たとえば、ホームセンターの日用雑貨品を調べる場合は、事前にホームセンターの売場を見に行きます。主要な商品について、ピックアップしておき、特に主力商品についての品揃えや価格、演出・陳列手法をチェックしておきます。

レイアウト調査（面積）の場合ですが、売場の広さを測れる目印について確認しておきます。たとえば、タイルの大きさです。だいたい売場のタイルは30センチ×30センチか50センチ×50センチでできています。30センチのタイルなら、タイル5枚で1・5メートルの長さになります。歩測する場合は自分の歩幅がだいたい何センチあるのかを事前に測っておくと、その場で計算できます。

最後に確認しておきたいことは調査の良否を決める基準です。特にサービスや売場演出など情緒的な調査項目については、自店を基準に判断するために自店についてよく見ておくことです。調査を素早く、簡潔に終わらせるには、事前の調査準備が必要です。

覚えておくと便利な数字

●歩幅は約60センチ

つま先からつま先で60センチ
（自分の歩幅を覚えておく）

●什器（陳列棚）の幅は1尺＝30センチの倍の数値

（奥行きは30センチ、45センチ、60センチが多い）

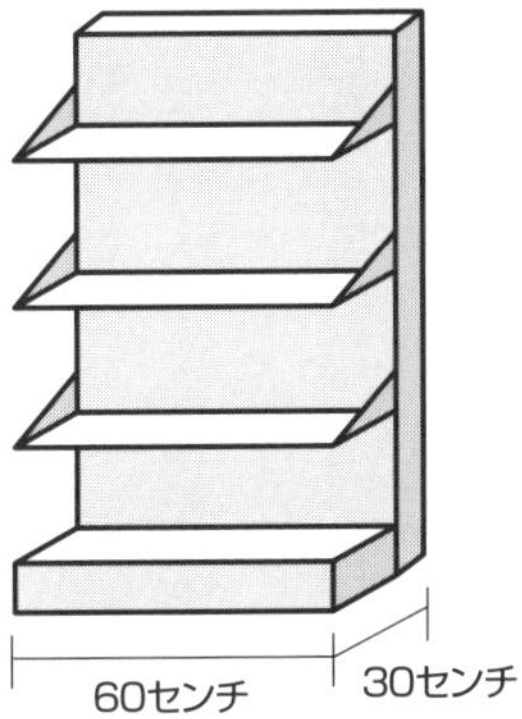

●タイルは30センチ×30センチか50センチ×50センチ

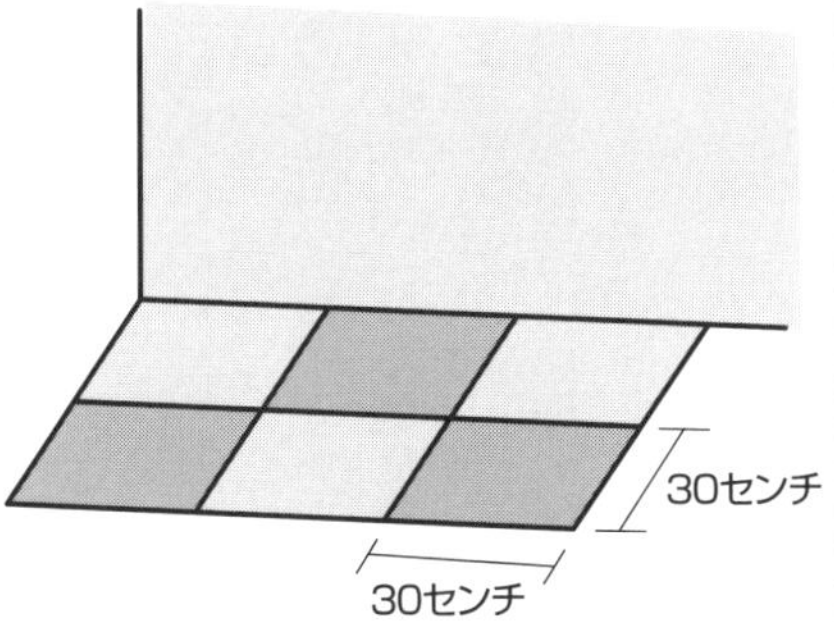

●柱と柱の間は1.8メートルが多い

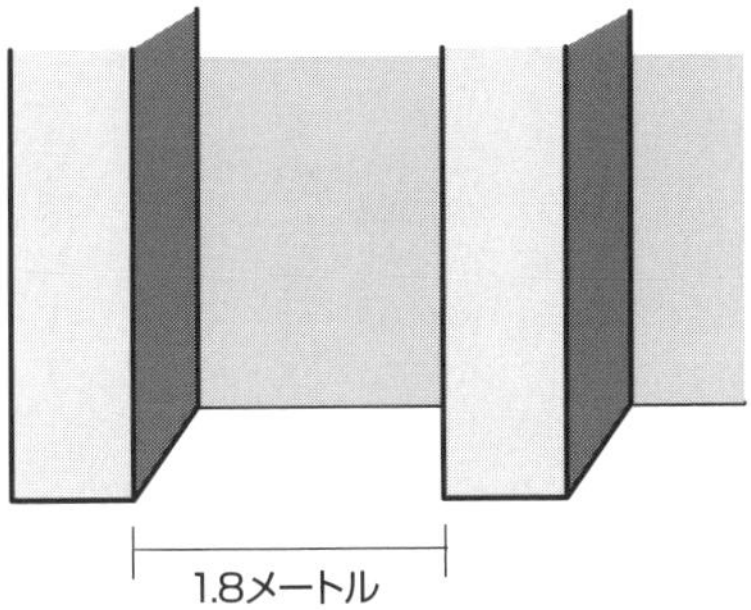

ポイント

調査の前に事前知識を身につけておく。
商品や調査内容によって調査の練習をしておく。
売場の広さを測る際の目安のサイズを知っておくと便利。

1-9 競合店をどう選ぶか

●商圏を考える

競合店調査を実施する際にどの店舗を調査するか、特にライバル店として、直接的な対策を講じる必要がある店はどこかを知ることは、競合店対策をより効果あるものにします。

まず競合店を知るには自店の商圏（戦闘地域）を確定しなければなりません。商圏は業種業態によって異なりますが、簡単にいうと「自店にお客様が来てくれる範囲」のことです。

商圏の中でも一次商圏（絶対商圏）の競合店はきちんとマークしておかなければなりません。店舗の大小は別にして、売上の80％以上を稼ぐ一次商圏の競合店の打ち出す政策は必ずマークしておくことです。

●マークすべき競合店を決める

また、自店と競合店の売上シェアから商圏内の順位を予測し、直接的な競合店を選ぶことも必要です。自店と競合店との関係で商圏内のシェア1番店と2番店、3番店、4番店では直接的な競合店が異なります。

商圏内の競合店は、だいたい3店以上を抽出しなければなりませんが、直接的に競合対策を施すのは1店に集中すべきでしょう。

船井総研の競合力原理では「1番店は2番店対策を行えばよく」、「2番店は1番店と戦える力を蓄えるまでは、商圏内シェアをアップするために3番店対策が有効である」ということがいえるからです。

商圏内の市場規模の算出はマーケットサイズ（10章5項参照）を活用します。マーケットサイズは国民1人当たりが年間に支出する金額のことで、商圏内の市場規模はマーケットサイズ×商圏内人口で算出できます。

●商圏内での自店のポジションを知る

商圏内の市場規模がわかれば、自店と競合店のシェアを推測します。商圏内のポジションを判断するには「ランチェスターの法則」から算出します。左の表が法則を基に船井総研が設けた基準です。商圏内の順位を作成して、競合店を選ぶことでより効果的な競合店調査や対策が行われるのです。

商圏内でのシェアから店のポジションを知る

1	独占シェア	74%	対抗できる勢力が現れても、将来にわたって安定して勝てる独占状態
2	相対的独占シェア	55%	絶対ではないが、相対的安全と認識できる独占状態
3	相対シェア	42%	現時点で敵はいないが、将来有力な敵が現れるかもしれない状態
4	寡占化シェア	31%	別格の強さがあり、その地域では通常競合がない状態
5	トップシェア	26%	〈1番手のポジション〉 明らかな1番店。その地域において知らない人がいない状態
6	トップグループシェア	19%	〈1番グループのポジション〉 同じレベルの売上の店と、抜きつ抜かれつ争っている安定しない状態
7	優位シェア	15%	〈2番手のポジション〉 競合店の中では頭ひとつ抜きんでている状態
8	影響シェア	11%	〈3番手のポジション〉 他店に影響を与える力はある状態
9	存在シェア	7%	地域内において、なんとかその存在自体は認められている状態。店（部門）の存在は伝わっていない状態

特に小売業では26%シェアを1番店、19%を1.5番店、15%を2番店、11%を3番店としてポジションを考える

ポイント 商圏内での自店のポジションを知ることが、競合店対策の第一歩。

1-10 調査からマーケットの変化を読み取る

●市場の変化に気づく

少子高齢化による市場規模の縮小や消費の成熟化、所得の8階層化による消費環境の変化など、小売業を取り巻く環境は大きく変化しています。

これからの小売業はお客様をひきつける魅力ある店舗づくりを行わなければなりません。市場や顧客を調査、分析して地域に合った商品やサービスを適時、適量、適価で提供しなければなりません。そのためにはマーケットの変化を読み取る敏感さが求められます。競合店調査や市場調査などの調査で市場の変化を感じることが重要なのです。

それは、調査から感じる「あれっ」という小さな気づきが市場の変化を予言していることがよくあるからです。競合店調査で「こんな商品が売れているのか」、「こうしたサービスがあるんだな」という気づきがあります。そうした気づきが大切です。

●お客様の変化を知ろう！

独自の差別化のための「1番化」が繁盛する店舗づくりに役立ちます。これからは独創性が地域での差別化の唯一の戦略になります。そのために、調査も競合店と同じ競争項目の「差」を検証するのではなく、自店の打ち出す独創的な対策が、地域や市場のお客様に受け入れられているのかどうかを、常に検証することが大切です。

これまでの価格調査を中心にした競合店調査は、「同質化現象」をひき起こしてきました。結果的に「どこに行っても同じ店」ができ、競合店との差別化ポイントは「価格」と「品揃え」だけになってしまうのです。この同質化現象から脱却するには、価格調査や品揃え調査と同様に、お客様の動向を知る顧客調査や、接客調査、サービス力調査、イメージ調査などの総合的な調査が必要になってきています。

混迷する市場の中で独自固有の店舗を創造するには独創的なアイデアや調査手法を駆使して、単なる市場動向を知るだけではなく、お客様の変化を知るマーケティング調査へと、調査の目的と手法も変化させていく必要があります。

所得階層の8層化など環境は変化する

①所得の8階層化

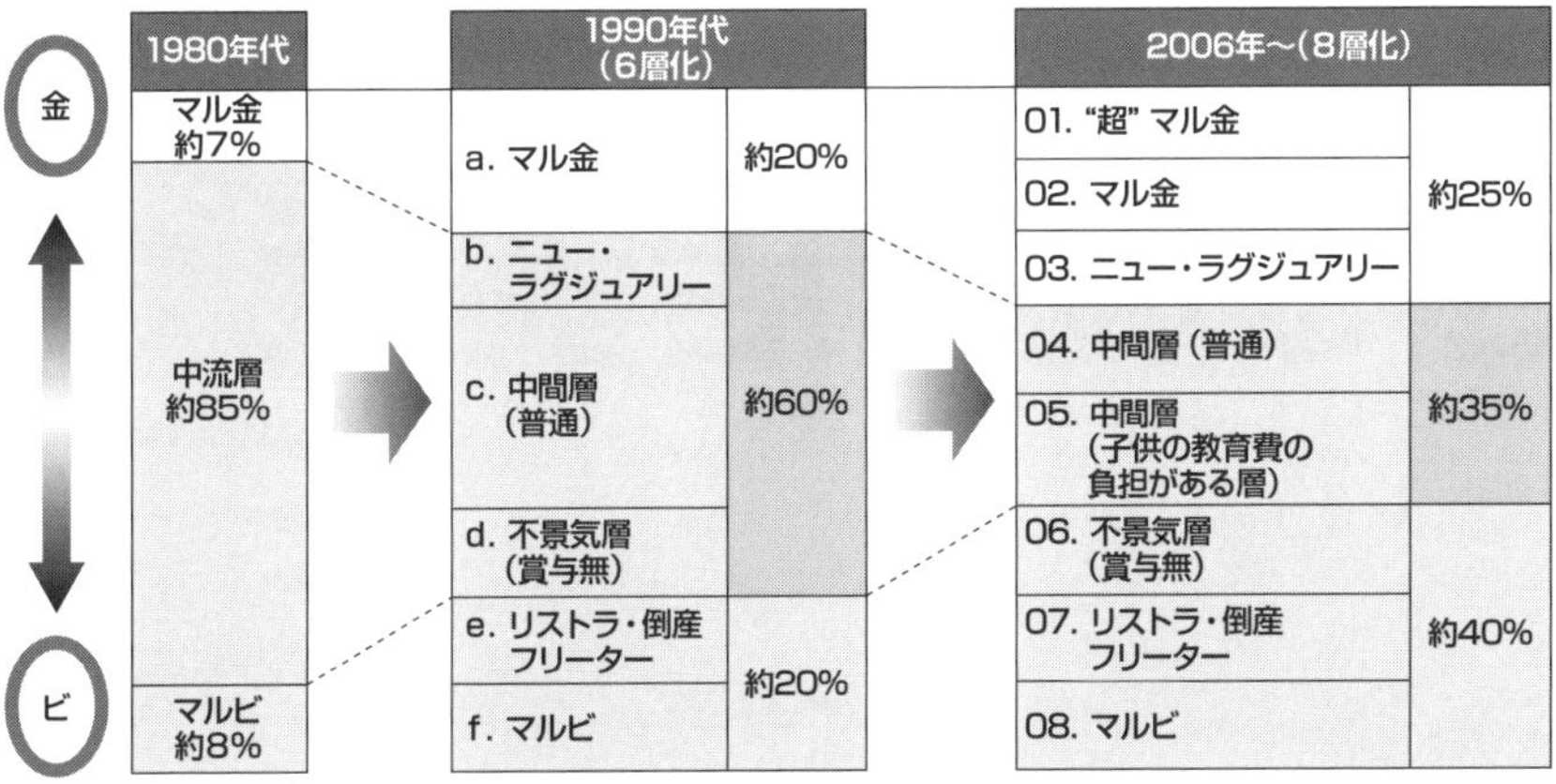

②ライフサイクルの変化でも市場のニーズは変わる(リサイクル業界の例)

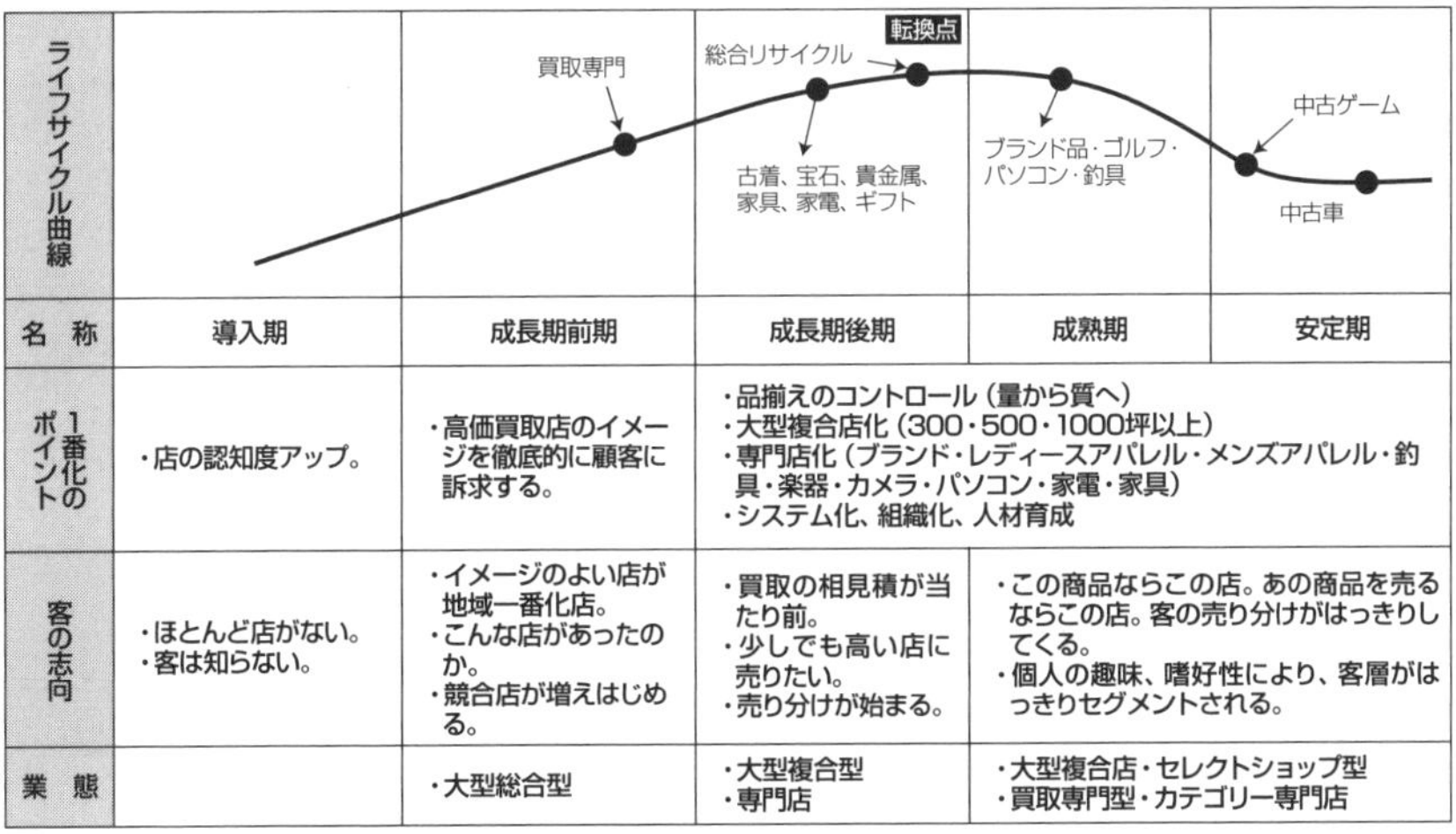

名称	導入期	成長期前期	成長期後期	成熟期	安定期
1番化のポイント	・店の認知度アップ。	・高価買取店のイメージを徹底的に顧客に訴求する。	・品揃えのコントロール(量から質へ) ・大型複合店化(300・500・1000坪以上) ・専門店化(ブランド・レディースアパレル・メンズアパレル・釣具・楽器・カメラ・パソコン・家電・家具) ・システム化、組織化、人材育成		
客の志向	・ほとんど店がない。 ・客は知らない。	・イメージのよい店が地域一番化店。 ・こんな店があったのか。 ・競合店が増えはじめる。	・買取の相見積が当たり前。 ・少しでも高い店に売りたい。 ・売り分けが始まる。	・この商品ならこの店。あの商品を売るならこの店。客の売り分けがはっきりしてくる。 ・個人の趣味、嗜好性により、客層がはっきりセグメントされる。	
業態		・大型総合型	・大型複合型 ・専門店	・大型複合店・セレクトショップ型 ・買取専門型・カテゴリー専門店	

ポイント

競合店やモデル店調査をすることで常に時代の変化に敏感になる。
客層の変化や購買動向の変化など市場の変化を知る。
定期的に調査を行うことで市場の変化をつかめる。

きる競合店調査

2章

いつでも、誰でもで

2-1

チーム一丸で調査しよう

●まずは目的と手法を明確に

競合店調査は目的に応じて様々な調査があります。調査をはじめる前には、調査目的の確認と調査手法の確認を行います。この目的と手法があいまいだと、満足のゆく調査結果が得られません。

また、調査を実行した後、結果をまとめる際にも目的（何を知りたいのか）が明確でなければまとめることもできません。店舗スタッフがすぐにできる簡易調査を行う際も、目的に応じた調査内容の確認を行います。

●調査内容を明確にしよう

以前、ある婦人衣料品店で競合店調査を行ったことがあります。スタッフは20代の女性10名でした。それまでも何回かこの店舗では競合店・モデル店調査を行ってきたのですが、どうも競合店の状況が上手くつかめていないのが実状でした。

その原因は、①競合店のどの部分を比較するのかが明確でなかったこと、②調査スタッフが調査の目的と内容を熟知していなかったこと、この2点にありました。

そのため比較項目を店員の接客にしぼり、全員参加で競合店の調査シートを作成しました。その結果、調査のまとめや結果も素早く出すことができ、内容もしぼり込めたことで、①笑顔の接客、②しつこい接客の禁止、③販売後の接客アプローチに力を入れることが必要とわかりました。競合店調査の準備段階で、目的とポイントを明確化したことで、スタッフのモチベーションも上がり、業績も伸びています。

全員参加で調査シートを作成する際には、できるだけ多くのスタッフから多くの意見を集めます。そして、話し合いの結果、

①比較項目
②知りたい項目
③調査の方法
④項目ごとの評価手法（定数、定性）

を決めていきます。

このシート作成の会議の内容次第で、調査のよし悪しが決まります。

調査シートは事前にしっかり作成しよう

●接客調査の内容（婦人衣料品店・接客チェック）

調査項目	採点
1．笑顔の接客はできているか	5・4・3・2・1
2．「いらっしゃいませ」と明るい声で迎えているか	5・4・3・2・1
3．明るく元気があるか	5・4・3・2・1
4．服装は清潔か（イメージはいいか）	5・4・3・2・1
5．質問に答えているか	5・4・3・2・1
6．「ありがとうございます」はいえているか	5・4・3・2・1
7．接客時の言葉使いは適切か	5・4・3・2・1
8．嫌味のない接客か	5・4・3・2・1
9．しつこい接客はしていないか	5・4・3・2・1
10．購入後のアフターフォローをしているか	5・4・3・2・1
11．おすすめ商品の打ち出し方は自然か	5・4・3・2・1

ポイント

自店と競合店の接客を評価・比較してみる。
調査メンバーの感想を聞き、スタッフで話し合う。
自店の学ぶべき点を洗い出して行動を決める。

2-2 競合店調査シートのつくり方

●7つの目的

競合店調査をする際は、必ず事前に関係者を集めてミーティングや会議を行います。どんなに小さな調査や日々の簡易調査でも、店長と調査者の事前ミーティングを行ってください。そして「何のために競合店を見に行くのか」を再確認することが大切です。

調査の目的には大きく分けて7つあります。

①競合店の品揃えを知りたい↓商品力調査
②競合店の価格戦略を知りたい↓価格力調査
③競合店の売場演出力を知りたい↓売場・レイアウト調査
④競合店のサービス力を知りたい↓サービス力調査
⑤競合店の接客力を知りたい↓接客力調査
⑥競合店の販促力や企画力が知りたい↓販促力調査
⑦競合店のストアロイヤリティー（店舗の権威や信頼）が知りたい↓ストアロイヤリティー調査

調査を行う際には競合店のどの部分を調べたいのかを明確にします。この目的を明確にしなければ、現場で「何」を調べていいのかがわかりません。

●効率よく調査するには調査目的を明確に

たとえば、あるホームセンターの調査を行った際、「目的」が明確でなかったために調査が迷走したことがありました。調査段階では「競合店の集客商品は何かを調べて、競合店の集客商品と同じものを自店は１・３倍以上置く」というのがこの調査の目的でした。

ホームセンターの集客商品はトイレットペーパーやティシュペーパーをはじめとする日用雑貨品です。調査目的からは調査品目はこの「日用雑貨品」にしぼるべきでした。しかし、調査目的での品目があいまいだったために、全品調査を行うことになりました。集客商品とは関係ない住宅部品なども調べました。当初の目的なら1日あれば終わる調査も、１０００坪のホームセンターの全商品を調べると10日間はかかります。調査報告も膨大な量になり、活用できる資料になりません。

こうした失敗を防ぐためにも調査目的と調査対象を明確にして調査をはじめるべきなのです。

調査の目的は7つに分けられる

●競合店調査の７つの目的

	目的	対応する調査
1	競合店の品揃えを知りたい	商品力調査
2	競合店の価格戦略を知りたい	価格力調査
3	競合店の売場演出力を知りたい	売場・レイアウト調査
4	競合店のサービス力を知りたい	サービス力調査
5	競合店の接客力を知りたい	接客力調査
6	競合店の販促力や企画力が知りたい	販促力調査
7	競合店のストアロイヤリティーが知りたい	ストアロイヤリティー調査

●効率よく調査するために

調査目的の確認

↓

関係者を集めてミーティング

↓

調査項目、対象の確認

ポイント

調査目的を明確にして、メンバーと共有。
調査対象と調査目的はずれないようにする。

2-3 比較項目の決め方

●比較項目はシンプルに

会議で調査の目的がある程度決定すれば、調査項目＝比較項目も90％決まってくるものです。左ページの表が各調査目的に対する比較項目の内容です。調査項目を決めた後に、調査手法を選びます。これは調査前にしっかりと決めておきましょう。

衣料品店で競合店のフリースの品揃えを知りたい場合は、フリースのアイテム数を調べます。某大手衣料品店のフリースのアイテム数はレディースで3アイテム、メンズで4アイテム、キッズで2アイテムでした。価格はメンズ、レディースで3900円～4900円。キッズは1980円の1種類でした。知りたい項目はフリースの品揃えだけなので、それ以外の項目については調査をしていません。

時間的にも人数的にも気軽にできる競合店調査は、知りたい内容を細分化してしぼり込み、必要以上の調査項目を増やさずに、シンプルにすることがポイントとなります。

●調査項目は必要最小限に

表にあるように、調査項目は目的に応じて1つ～5つの項目にしぼられます。

たとえば、競合店の品揃えを知りたい場合は、①商品名、②アイテム数、③商品量、④価格があれば十分です。必要以上に調査項目を広げていくと、目的に応じた調査結果が得られないことにもなりかねません。これ以外にも必要に応じて調査項目は追加してもいいのですが、できるだけ調査はシンプルに行うことが「簡易調査」の基本です。知りたい内容と調査すべき項目がずれていたり、必要以上に調査項目を増やすと、無駄な作業が多くなり、結果的に何を知りたいのかがわからなくなります。競合店のいろいろなことが知りたいと考えるものですが、調査をはじめるときは項目をできるだけしぼり込みます。

すべての調査内容を調べてみたいという時は数十日もかける大がかりな調査になりますが、まずはいつでも調べることのできる簡易調査をマスターすることからはじめてください。

調査項目を具体的に決める

●調査目的別、調査項目と手法

目的	調査項目（比較項目）	調査手法
1．競合店の品揃え	商品・アイテム数・商品量・価格	商品力調査
2．競合店の価格	商品名・価格・価格帯	価格力調査
3．競合店の売場演出力	売場・レイアウト・売場面積・棚割・演出	売場・レイアウト調査
4．競合店のサービス	サービスの種類・内容	サービス力調査
5．競合店の接客力	店員の数・接客内容・接客時間・接客手法	接客調査
6．競合店の販促力・企画力	販促物・販促頻度・販促内容・販促企画・内容	販促力調査
7．競合店のストアロイヤリティー	知名度・イメージ	ストアロイヤリティー調査

ポイント

調査項目は目的に合わせて最小限にする。
まずは項目別の簡易調査をマスターしよう。

2-4 項目ごとの評価手法を決める

●評価手法は2つある

調査の目的と調査内容が決まれば、評価手法を決めます。この評価手法が決まればいつでも調査をスタートできます。品揃えならばアイテム数の多い、少ない、接客調査なら評価者のくだす○×式の採点で決めるなどです。競合店の認知度などを調べるヒアリング調査では、ヒアリングの結果を集計した集計式の評価をします。

大きく分けると商品数や売場面積など数値化が簡単にくだせる「定数」的な評価手法と、売場の雰囲気など情緒的で数値化しにくいものを判断する「定性」的なものの評価手法になります。

どちらの手法を使うのかは調査内容により異なります。調査の内容に対応する評価手法を決めれば、評価からの採点、報告書のイメージができ上がります。

●評価手法を決める

定性的な評価でよくあるのは、「よい〜悪い」を5段階で判定していくものです。この5段階方式はより綿密な評価基準が必要です。調査者が経験を積んだスタッフで微妙なニュアンスや違いを判断できる時に行います。

調査の初期段階や簡易調査の場合、私がおすすめするのは○×式の2段階の評価です。○×ですと、よい・どちらかというとよい・普通＝を○、悪い・どちらかというと悪いを×、ということにしますので、判断が早く、ぶれが少ないと思います。最初のうちは○×で場数を踏んで、より細かなニュアンスが判断できるようになれば、5段階の評価を採用する方がよいでしょう。

また、○＝よい、△＝普通、×＝悪い、の3段階評価も評価しやすく、定番的に用いられます。調査の初期段階では2段階か3段階の評価で判断して調査を進めていき、より細かなニュアンスが知りたい場合は5段階で評価するなど内容によって使い分けます。最終的には○3点、△2点、×1点などで評価を点数化して評価をくだします。評価手法や考え方についても理解しておきましょう。

調査項目が決まれば調査の手法、評価の仕方を決めることで調査シートは完成します。

2つの評価手法

●評価手法と項目

評価方法	調査項目	調査内容
定数的調査	売場面積 品揃え 価格帯 従業員数	数量を比較する 誰が見ても明らかな数字で表現できる
定性的評価	接客調査 売場演出 ストアロイヤリティー調査 ヒアリング調査	評価者の主観が判断基準になる。○×式や数段階の評価で点数方式の評価になる。評価基準（調査者の価値観）の統一化が必要

●サービス調査シートの例

主なサービス	内　容	徹底の度合い
		高い・普通・低い
		高い・普通・低い
		高い・普通・低い
		高い・普通・低い

ポイント

調査により、定数的評価と定性的評価を使い分ける。
定性的評価は○×式が基本。

2-5 目的別調査原票の活用（品揃え・価格調査）

●原票は正確に

品揃え調査と価格調査は同じ原票で行うことが多く、在庫量と価格は同時に調査します。

左ページの原票をご覧ください。①の商品名の書き方ですが、できるだけメーカー名と商品のフルネームを書きましょう。同じ商品名でもメジャーなものはシリーズ化されているものも多く、フルネームで書かないとどの商品なのか、調査の後でわからないことも多いのです。

たとえば、ティシューＢＯＸですと大王製紙のエリエールには「エリエールティシュー」「エリエールティシューキュート」「エリエールフワリティシュー」など、いくつものシリーズがあります。これを原票に「エリエールティシュー」とだけ書いていると、どのシリーズなのかがわかりません。次に②の容量です。同じ商品名で容量の違う商品があります。洗剤ですとＰ＆Ｇの「アリエール」には1キロと1・5キロがあります。容量が違うと当然、価格も異なります。どちらをメインに打ち出すかで、商品政策も分かれます。液体洗剤のアリエールですと詰め替え用の価格はフルタイプより安いので、詰め替え用という情報がないと、価格対策で失敗してしまいます。③の価格と④の数量はありのままを記入します。

●アイテム商品数をしぼって調査

記入時はできるだけアイテム・商品数をしぼって記憶して店の外で原票に書きます。店内でメモをとっているとお客様の迷惑ですし、店内で写真を撮ることは原則禁止されています。1人でできる商品調査の数はだいたい7品目までで、じっくり調べようと思うと3品目ぐらいにしぼり込むといいでしょう。価格の表記については定価とバーゲン価格がありますが、競合店の割引率を判断するために「定価」記入後に「割引価格」を記入します。こうして自店との割引率の違いを知ることで、メーカーや卸業者との交渉の材料にも使えるのです。商品名の記入ですが、中堅以上の小売業は棚の表示（値札）が統一化されており、値札の商品名や容量を記入します。地方の小型店など、値札表記があいまいな店舗は商品の表示欄を見て記入します。

原票は間違えず、正確に

●品揃え、価格調査の原票（ドラッグストアの例）

① 商品名	② 容量・サイズ	③ 価格	④ 数量
エリエール フワリティ シュー	320組（160枚）*5P	497	5
エリエール ティシュー	360枚（180組）*5P	428	12
エリエール ティシュー キュート	320枚（160組）*5P	397	15
エリエール ローション ティシュー Ufu	180枚＊1P	268	5
エリエール ローション ティシュー	200組*3P	547	5

2-6 売場調査はゾーニング→レイアウト→棚割りで

●大から小を見ていく

売場調査は、①店舗坪数、②おおまかなゾーニング、③レイアウト、④棚割り、と大から小へと調査項目を記入していきます。売場調査は商品調査に次ぐポピュラーな調査です。調査を意識せずとも、気になる競合店の売場にはちょくちょく足を運んでいることも多いと思いますので、頭に入っている場合もあるでしょう。

調査は大から小といいましたが、売場の区分けを知ることで競合店の商品分類手法から仕入れについてまで知ることができます。ゾーニングは商品区分けでいう大分類になります。量販店の売場区分でいえば「服」のコーナーです。レイアウトは中分類になります。これは「紳士服」「婦人服」「子供服」の分類になります。棚割りは小分類です。紳士服のTシャツコーナーやジーンズコーナーのように分類します。

●どの分類の情報が知りたいのかで内容は変わる

売場調査ではどの分類の情報が知りたいのか、どの情報を参考にしたいのかで調査する内容が変わります。小分類の情報まで知らなくてもいい場合は、棚割り調査までしません。レイアウト調査で記入を終わります。その時でも、特に気になった陳列手法や、どの商品がエンドに積まれており、価格は何円だったのかなど、「催事企画」や「エンド陳列」の記入も忘れないようにします。「通路幅」や「什器サイズ」も必ず記入しておくことが、後々の調査検証の際に役に立ちます。

レイアウトごとの売場面積については必ず歩測などをして計算しておきます。何回も計測していると、見た瞬間に通路幅などが何センチか感覚が身についてきます。

売場演出を知りたい場合は陳列手法について知っている必要があります。陳列手法の種類は、①量感陳列、②平面陳列、③立体陳列、④複合陳列、⑤展示陳列などがあります。陳列手法の違いにより販売の狙いも異なるので、競合店が何を考えて陳列しているのかも分析するといいでしょう。また、そのほかにも、「液晶テレビを使った店内アピール」など、演出で気づいた点は必ず記入しておきます。

売場演出を調査する際に知っておきたい陳列手法

●陳列手法の違い

陳列手法	目的	商品特性
量感陳列	商品の量を顧客にアピールし、購買意欲を喚起する	低単価品 高回転商品 最寄り品 季節商品
平面陳列	商品を平面的に並べ、気安さ、気軽さを与える	低単価品 高回転商品 コモディティー 催事・集中販売商品 活気で売る商品
立体陳列	商品を積み上げたり垂直に陳列したりして、同種商品の選びやすさをアピールするとともに、売場効率を上げる	同一商品でサイズが多種 同一用途で多種類
複合陳列	量感陳列の場所に変化を強調し、集客ポイントとする	特に小型の日常的商品 買回り品
展示陳列	商品の個性を顧客にアピールし、購買意欲を喚起する	高価格品 買回り品 新商品 情報提供商品

ポイント

陳列手法の違いによって、商品の打ち出し方を知る。
低単価で数を売りたい集客商品か、新しくアピールしたい収益商品かを判断する。

2-7 サービス調査の考え方

●事前に原票を作成

サービス調査は調査員が主観で判断する定性的な調査です。サービス調査を行う前にどういったサービスがあるのか、そのサービスの質はどういうものかを原票に記入しておきましょう。

調査原票には、最初にある程度予測できるサービス、自社が行っているサービスについて列記します。次に、競合店が独自に行っているサービスが事前にわかれば原票に記入し、その感想をよかった、悪かったという○×式で記入できるようにしておきます。

その後の感想・備考の欄には必ず調査者の感想を記入しておきます。最終的に自店にあって競合店にないサービスの数、逆に競合店にあって自店にないサービスの数を比較します。

単純にサービスの数が多ければ多いほどいいわけではありませんが、競合店にあって自店にないサービスで「やってみよう」と思うものについては積極的に取り入れていきます。

●意外なヒントがあるサービス調査

あるリサイクル店の例です。リサイクル店には商品を自宅に引き取りに行く「出張買取」というサービスがあります。通常、出張買取の時間帯は店舗の買取営業時間と同じ10時～18時頃までです。しかし、競合店のサービス調査を実施したところ、出張買取の時間帯を夜は21時まで延長していました。さっそく自店でも21時まで延長してみたところ、出張買取の申し込み件数がそれまでの1・5倍になりました。

今まで気づかなかった点ですが、お客様は共働きの人が多く、18時までのサービスだと利用したくても利用できなかったのです。このようにサービス調査からは意外なヒントが得られることが多いのです。

また、競合店のサービス数に対して自店のサービスの品揃えを差別化の数字で1・3倍にするなど、サービスの品揃えで勝つことも意識するとサービスのよい店という印象を与えることができます。サービスにも商品と同じように品揃えがあるのです。

原票には事前にチェック項目を記入しておく

●サービス調査の原票（リサイクルショップの例）

項目	A店	B店
軽トラ貸し出し	○	○
出張買取	○	なし
無料配達	○	なし
取り置きサービス	○	なし
次回買取ＵＰクーポン	○	なし
商品の持ち運び	○	○
売約済み	○	○
入荷商品リクエスト	○	なし

●サービス調査の原票（パチンコ店の例）

項目	A店	B店
台移動自由	○	×
持ち玉共有化	○	×
貯玉・再プレイ	○	○
食事休憩	○（40分）	○（40分）
携帯電話の充電サービス	○	×
傘の貸し出し	○	×
ブランケット貸し出し	○	×
休憩スペース	○	○

2-8 接客調査の手法

●回数が必要な接客調査

接客販売を重視する小売業では競合店の接客調査を定期的に行います。最近ではセルフ販売中心のスーパーでも接客が重要な購買要因になっています。

接客調査は事前に調査シートを作成して、自店の重視している評価項目を中心に比較します。評価手法は、○×式か段階方式の採点になります。評価者の主観によって評価が決まることと、競合店の接客担当者やタイミングによっても大きく対応が変わる可能性があるので、複数の調査者が複数回調べるのが理想的です。

できれば同じ調査を10回は行って平均点で判断するのがよいと思います。

同じ調査を行う場合は当然メンバーを変えて行います。後から接客内容をスタッフ全員で感想を述べ合い、競合店の接客レベルを話し合います。競合店の接客レベルの推移を判断するために点数による診断を記録に残しておきます。接客内容については、できるだけ詳細に思い起こしてメモしておくと、微妙ないい回しが判断できます。

●接客は店舗のイメージを変える

たとえば、リサイクル店でも買取時の接客は重要な要素です。競合店の接客レベルについて定期的に調査することが必要です。私も数百店のリサイクル店の買取調査を行ってきましたが、接客レベルによってお客様の「売りたい」という気持ちに大きな差が生まれることがわかりました。

昔の質屋さんのようなところは入口からして入りづらく、店内は暗く、怖い感じがします。そんな雰囲気の店で愛想の悪い店員さんに「コレ売るんか」といわれると早く帰りたくなります。逆に接客の教育が行われている大手のリサイクル店では「いらっしゃいませ！　こちらがお売りいただける商品ですか？」と明るく対応してもらえるので、安心して売りたいと思えます。

買取価格の高い低いよりも、接客の印象でお客様の人数は変わるようです。接客は店の印象を与えるという意味で非常に大事な要素です。

接客調査では具体的に項目をつくろう

	調査項目	評価（○×）
1	目と目が合えばニコッと笑顔をしているか	
2	「いらっしゃいませ」と明るくいっているか	
3	明るく元気であるか	
4	服装が清潔か	
5	お客様が何か聞きたいときはすぐに対応しているか	
6	お待たせするときは「少々お待ちください」といい、事情を説明するなど、気持ちよく感じる対応をしているか	
7	お客様が見える範囲に店員が１人以上いるか	
8	お客様に対し分けへだてなく対応しているか	
9	買わなかったお客様にも「ありがとうございました」と気持ちよくいっているか	
10	お店の特典（ポイントカードやセールの案内）をすすめているか	
11	接客のタイミングは適切か	
12	お客様の話を十分に聞いてくれるか	
13	話を聞いた後に「かしこまりました」と返事をしているか	
14	商品の扱いは丁寧か	
15	包装は手早くきれいか	
16	商品は持ちやすく運びやすい包装か	
17	レジで商品と値段を読み上げながら確認しているか	
18	精算金額と預かり金とつり銭を声に出して確認しているか	
19	丁寧につり銭とレシートを渡しているか	
20	「ありがとうございました」「またお越しください」といえているか	

2-9 販促・企画調査の手法

●販促力を調べる方法

販促調査では活用している販促媒体について個別に調べます。販促媒体には①チラシ、②地域情報誌、③ポスティング、④看板などがあります。販促調査では競合店がどの媒体に力を入れて宣伝しているのかを調べます。

たとえば、毎週「地域情報誌」に広告を出しているのであればそれをチェックします。チェックの内容については①広告の内容、②広告スペース、③広告頻度について定期的（この場合は毎週）に調べます。

広告の内容については「広告のタイトル」や「打ち出しの内容」などを分析します。

広告スペースと広告頻度を分析することで、競合店の販促予算が計算できます。たとえば「地域情報誌」を主体に販促活動している競合店の1ヶ月の販促費を想定するには、広告スペースの費用×1ヶ月の広告頻度を見ればわかります。10万円の広告スペースを毎週活用している競合店の広告では販促費用は10万円×4回=40万円になります。

同じくチラシの場合は1枚当たり単価×配布部数の推定×月の頻度でわかります。競合店が力を入れている媒体については、どれくらいのスペースでどれくらいの費用がかかるのかを事前に調べておきます。広告の価格を調べるのは、地域の広告代理店などに問い合わせて媒体ごとの費用を確認しておきます。競合店の販促費を推定することで、競合店よりも販促費をかけ、地域での露出度を上げることで競合店との差を出すことは可能です。

●販促内容を吟味して対策を打つ

広告のタイトルや内容もチェックします。頻繁に広告内容が変わる店舗は「企画力」のある店舗です。また、大手チェーンでは何を広告の目玉に持ってきているのか、打ち出しの内容によって対抗する目玉品づくりを考えていきます。販促力調査では競合店の販促媒体や頻度、内容をよく吟味して対策を打つようにします。看板では、看板の設置位置と大きさを確認します。地域で1番大きな看板をつけることで集客や認知度がアップするなど看板効果も無視できません。

競合店の露出をチェックし、販促力を調査する

●販促調査（競合店名：○△ストア）

媒体	大きさ／スペース	回数	タイトル
チラシ	Ｂ３型	月４回（金曜）	大感謝セール
地域情報誌Ａ	４段展開	月２回	大感謝セール
地域情報誌Ｂ			
地域情報誌Ｃ			
テレビ広告	30秒	スポット	
ラジオ広告	15秒×５回	冠タイトル	提供番組
看板	８畳	近隣８枚	告知
ＤＭ	封筒タイプ	月１回	お得意様感謝セール

●自店の対策

媒体	大きさ／スペース	回数	コスト
チラシ	Ｂ３型	月４回（金曜）	200万円
地域情報誌Ａ	４段展開	月２回	30万円
地域情報誌Ｂ			
地域情報誌Ｃ			
テレビ広告			
ラジオ広告			
看板	８畳	近隣12枚	30万円
ＤＭ	封筒タイプ	月１回×3000	30万円

※販促調査の結果、大手チェーンの競合店○△ストアに総コストで勝てないことがわかり、チラシ、情報誌は対抗上同じ回数にして看板の設置枚数で上回る政策を採用した

ポイント

競合店のチラシや情報誌を収集して競合店の販促情報を集計する。スペースや広告頻度、内容（タイトル）などを調べる。

2-10 ヒアリング調査の考え方

●ヒアリング調査の進め方

競合店の認知度を知りたい時や、地域の人の店舗の印象を知りたい時はヒアリング調査を行います。ヒアリング調査は商圏内のバラバラの地域からヒアリング対象者を選ぶことからはじまります。

調査には1対1の個別ヒアリングと3人～5人のグループヒアリングとの2つの手法がありますが、お客様の本音を聞くという点においてはグループヒアリングのほうがいいようです。

ヒアリング調査は消費者（お客様）の本音を引き出すことが最も重要です。そのためには、自然な展開で話を進めていくように心がけます。事前に作成するヒアリングシートは調査者がお客様に聞きたい内容をまとめておきます。

調査者が司会進行を務めながら、聞きたい内容を議題にしていきます。サンプル数は多ければ多いほうがいいのですが、一般的には10人～20人くらいの調査がやりやすい数です。

●モニター調査で集客効果も期待

ある葬儀社では自社や競合店のイメージを調べるために、消費者のヒアリング調査を行いました。モニターの募集はチラシや情報誌などで一般公募しました。

この調査では、ヒアリング調査を行いながらも葬儀に関心のある「見込み客」の掘り起こし効果も狙っています。調査内容で知りたいのは①地域で「葬儀社といえば○○」、②「葬儀社のイメージは？」などです。知名度で50％を越える店舗でも葬儀社に対して、悪いイメージを持っている地域では、競合店をよく調べて葬儀社の印象を変える取り組みを行えば逆転の可能性があります。

たとえば「葬儀社＝高い」というマイナスのイメージが多く出れば、「値頃感」を打ち出します。「葬儀社＝愛想が悪い」というイメージがあれば、接客や地域との交流に力をいれることができます。

またその時、自店のイメージも聞くことで、自店のイメージアップ＝地域でのブランド化を進めていく対策にも役立ちます。

ヒアリング項目を作成する

●葬儀社の例

ヒアリング項目	Aさん	Bさん	Cさん	Dさん	Eさん	総評
価格体系がわかりやすい	×	△	△	×	×	×
葬儀社のサービスは	○	×	○	△	×	△
葬儀社の接客は	○	×	○	×	△	△
葬儀社といえば（イメージ）	暗い	恐い	高い	暗い	高い	暗い 高い
地域で1番の葬儀社は	A店	A店	A店	A店	A店	A店
自店を知っている	○	○	×	×	×	×

○＝よい　△＝普通　×＝悪い

●ヒアリング参加者の顧客特性

顧客特性	居住区	属性
Aさん	○○町２丁目	30代後半、専業主婦
Bさん	○○町１丁目、○駅近く	40代後半、専業主婦
Cさん	○○町３丁目	30代後半、会社員
Dさん	○○町２丁目、小学校近く	30代後半、家族で商店経営
Eさん	○○町３丁目、	40代前半、専業主婦

差別化の考え方

3章

競合店と差をつける

3-1 差別化の数字を使いこなす

●「1番」を探す

小売業で地域1番になるには地域や携わっている業界で価格や品揃え、サービス力、エンターテイメント性、立地、販売力、固定客化や売場面積などで1番のものを多く持つことです。1番の領域が多ければ多いほど繁盛店になります。競合店よりもひとつでも多く1番になるために競合店調査を行います。そして、調査結果から、お客様が見てすぐにわかる差、他店との明らかな違いをどう演出するかということが、個性的な店舗をつくるための効果的な取り組みとなります。では、実際にどうしたら「他店との明らかな差別化」を演出することができるのでしょうか?

●差別化の数値で差をつける

その目安となるのが、1章6項で前述した「差別化の数字」を上手く活用することです。特に小売業で1番になるには「1番の売場面積」に「1番の品揃え」を持つことが鉄則です。その意味で1：1・3という心理学でいう差別化の数字を使い、他店との明らかな差をつくり出すことに重点を置きます。たとえば、レンタルビデオショップの売場で5段陳列している競合店に差をつけたかったら、5×1・3＝6・5で7段陳列すると、競合店に比べ陳列密度が濃いとお客様は認知します。これに対し、売場面積での差別化では、タテヨコの面で差を強調するために、面積の1辺の長さを1・3倍ずつするので1・3×1・3＝1・69となり、約1・7倍するとお客様に圧倒的に広いと感じさせることができます。法律により価格で差のつけられない書店などは、この面積での差別化と密度での差別化が決め手となるので、競合店の売場面積が70坪なら1・6倍の120坪、90坪なら150坪の店をつくり、陳列段を1・3倍にすれば、まず間違いなく圧勝できるということです。

価格の差別化でも同じ差別化の数字を応用します。お客様が安いと感じる割引率は1÷1・3＝0・76（24%割安）、1÷1・7＝0・58（42%割安）です。安さを訴求するなら24%引き、目玉品なら42%以下で価格設定します。

ひと目でわかる差をつけよう

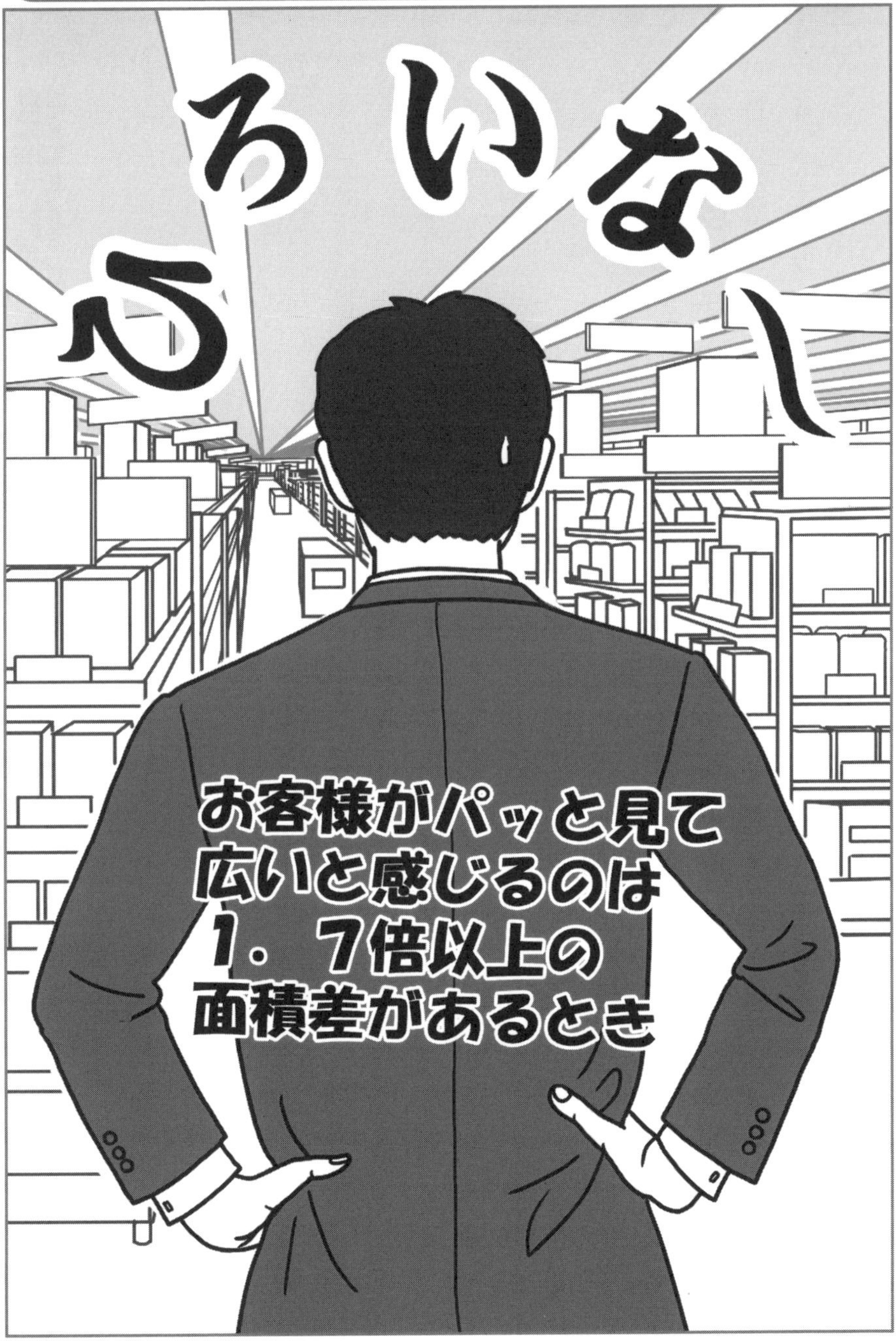
ひろいな〜
お客様がパッと見て
広いと感じるのは
1．7倍以上の
面積差があるとき

3-2 差別化の8つの切り口

●差別化の切り口

お客様に店に来てもらい、実際に買物をしてもらうには、ほかの店との明らかな違いを意識してもらわなければいけません。差別化をしていくうえで、重要な切り口を考えていくと次の8つの項目が考えられます。

①立地（商集積）
②売場面積
③ストアロイヤリティー
④商品力と売場演出力
⑤販促力と企画力
⑥接客力
⑦価格力（安さ感）
⑧サービス力（固定客化力）

このうちの①～③は思い立ったとき、すぐにはできませんので、「戦略的差別化」と呼びます。①の立地は特に出店してしまったら変えることができません。②の売場面積はリニューアルオープンの機会があれば、改良することができます。③のストアロイヤリティーは中小企業や新規参入組にはかなわないところですが、めったに買わない高額品を買う際の購買決定の要素です。

④～⑧は①～③に比べて、すぐに着手できるので「戦闘的差別化」と呼んでいます。

どれを重視して着手するかは、その店の業態によって変わってきます。

●商品力での差別化方法

店舗のライフサイクルが進んでいくと、①～③の戦略的要素のウエイトが大きくなってきます。

小売業にとって最も差別化していきたいのは④の商品力と売場演出力でしょう。商品力では量（ボリューム）、数（アイテム数）、幅（価格の幅）、質、といった項目で明らかな差をつけることです。商品力の項目は比較的数値化しやすく、数字の差（1・3倍、1・7倍）を駆使することで競合店との差を顧客に認識してもらうことが可能です。差別化の基本となる商品力を、どう他店に比べて強いと認識してもらうかに店舗の強弱を判断する材料があるようです。

差別化の8つの切り口

	項目	内容	特徴
1	立地	1番の立地に出店すること（店前通行量などで判断する）。スクラップ＆ビルトで変更できる	戦略的な差別化項目で、すぐに変えることができない。出店の際にはよく商圏内の競合状況を調べること
2	売場面積	地域1番の売場面積を持つ。店舗改装の際に変える	
3	ストアロイヤリティー	お客様の認知度やイメージ全国チェーンか老舗企業か	
4	商品力と売場演出力	商品の量（ボリューム）、数（アイテム数）、幅（価格幅）、質の差別化	最も競合店と比較して差別化しやすい項目。数値化しやすく差別化の数字を駆使して明らかな差を生み出す
5	販促力と企画力	チラシの頻度や看板の大きさなどの告知。店頭での催事企画など集客企画	集客項目について、立地が悪い店舗など販促力に力を入れる。販促の内容や頻度などで他店と差をつける
6	接客力	従業員の接客対応のよし悪しや、商品知識、接客時間、売場当たり配置人員など	接客販売を重視する小売業は従業員の接客レベルによる差別化が有効。サービス業などは接客力が他店との差別化要素になる
7	価格力（安さ感）	競合店よりも同じ商品が安く提供できているか。目玉品を明らかに安く感じる価格で提示することによる集客効果	ディスカウント的な小売業にとっての最大の差別化項目。あらゆる商品を競合店よりも安く提供するのか、一部の商品の価格を明らかに安く見せるのかの戦略が重要
8	サービス力（固定客化力）	お客様へのサービス力。ポイントカードやお客様の声を集めるなど	サービスの品揃えや内容によって差別化する

3-3 立地特性は最大の差別化ポイント

●好立地を探す

小売店や飲食店での最大の繁盛のポイントが立地です。立地は業態のライフサイクルが進めば進むほど差別化要素が強くなっていきます。

立地といっても、それぞれの業態や特性によって駅前がよかったり、郊外がよかったりと、ふさわしい立地がありますので、業態別の立地の特徴をよく知ることが大切です。立地は一度出店してしまうと変えることができないので、出店前によく調査する必要があります。

店舗調査では、自店からの商圏人口と店舗前の交通量に着目します。それぞれの業態によって適正な商圏人口と商圏範囲は異なりますが、食品スーパーなど来店頻度の高い業態は半径2・5キロ以内で10万人以上など、商圏内の人口密度が濃ければ濃いほど、立地的にはよいといえます。

また、人の流れも重要です。日本は左側通行なので、朝は中心商圏（通勤先）に向かって左側が、人や車の流れが多くなります。ですから朝の忙しい時に寄って欲しいタイプの店舗、コンビニやコーヒースタンドなどが好立地といえます。

逆に右側は、昼から夕方の帰宅ラッシュ時に込み合いますので、ゆっくりと時間をかけて見て欲しい店が好立地といえます。

●通行量調査は立地のポイント

店舗前の通行量も立地を測る際には重要な指標です。売上＝店前通行量×入店率×購買率×単価になるからです。一般的には売上の母数になる通行量が多ければ多いほど、繁盛店立地といえるでしょう。このほかにも、道の形などによる店舗への入りやすさなど総合的に判断します。

これらの交通量や流れは、実際に朝や夕方に店前交通量をカウントして調べます。近くにショッピングセンターや商店街があるなら、集客に大きな影響を与えます。総合的に立地面での競合との差を判断し、立地特性で圧倒的に不利な場合は、店舗の移転（スクラップ＆ビルド）を検討する必要があります。

立地のチェックは数字で決まる

●店前通行量のチェック（郊外ロードサイド店の場合）

時間	自家用車	商用車	合計	自家用車の割合
10時～11時	1,500	500	2,000	75%
11時～12時	2,000	700	2,700	74%
12時～13時	1,200	400	1,600	75%
13時～14時	1,000	400	1,400	71%
14時～15時	1,500	700	2,200	68%
15時～16時	2,000	700	2,700	74%
16時～17時	2,500	500	3,000	83%
17時～18時	1,500	500	2,000	75%
18時～19時	2,000	700	2,700	74%
19時～20時	2,000	200	2,200	91%
合計	17,200	5,300	22,500	76%

●立地のチェックポイント

チェック項目	備考	チェック欄
自家用車がどのくらい店前通行しているか	1万台以上が理想	
店前通行での自家用車比率	60%以上が理想	
店舗が100メートル手前から見える	看板、店舗がはっきりわかる	
店舗や看板は何屋かすぐにわかる	看板の色や文字の大きさ	
駐車場の台数	小売業は10坪に1台、飲食業は1テーブルに1台が目安	
駐車場への入りやすさ	駐車場入口のサイン、入口の幅は2台分あるのが理想	
出入りのしやすさ	右折、左折の容易性	

3-4 売場面積で勝つ！

●自店の売場面積を知る

売場面積は明らかにわかる差別化のポイントです。まず、競合店に対して自店がどれくらいの売場面積があるかを知る必要があります。競合店に対して１・３～１・７倍で差別化できているのが理想です。売場面積で１・３倍の差の場合に、陳列密度も１・３倍にすると、競合店に比べて１・７倍の圧倒的な差としてお客様に認知されやすくなります。

そして、競合店だけでなく商圏内での同業種の総売場面積対自店の面積比を知っておくことも役に立ちます。自店の面積比が商圏内の同業種総面積の11～15％を占めているのなら、26％のトップシェアを確保することもできるでしょう。

●競合店の１・３倍の売場面積を持つ！

特に価格での差別化が難しい書籍やレコード、ゲームなどのメディア業界では、売場面積の差別化は有効な手段です。

以前、関東のレンタルビデオチェーンで、売場面積の調査を行いました。競合店に対して売場面積で１・３倍以上の店舗は全体の３分の１でした。

３分の２の店舗に対しては什器の陳列密度を競合店に対して１・３倍する作戦で、売上を１２０％アップすることに成功しました。ところが、最近では大手レンタルチェーンの２００坪クラスの出店が相次いだ影響で業績を落としています。売場面積でいうと、１５０坪の同店に対して１・３倍の差をつけて出店しているのです。棚段数も同店と同じ７段陳列、圧倒的な売場面積とボリューム感の差で集客力に差が出てきています。

ただし、売場面積の大小は取扱品目によっても違います。むやみに大きいほうがいいということはまったくありません。高単価で購買頻度の低い宝石などは、在庫金額や坪効率の関係から売場面積の限界があります。

売場面積の差が決定的になるのは、比較的低単価で購買頻度が高く、買回り性の高い品目を扱う業種であるといえます。また、売場での商品密度（１坪当たりの商品数）も、売場面積を見る場合に参考にします。

陳列密度をアップして差をつける

3-5 競合店と差をつける差別化の考え方

●高単価品を売るストアロイヤリティー

店舗の権威や信頼がストアロイヤリティーです。「老舗」と呼ばれる店や全国展開している「ナショナルチェーン」、誰もが知っている「ブランド」がロイヤリティーといえます。ストアロイヤリティーの高い店舗は、お客様へ信頼を売っているということができます。昨今、「偽装」や「ニセモノ」が氾濫する中で、長期的に考えると、ストアロイヤリティーを高めることが重要になっています。

「ストアロイヤリティーの高い店＝安心」、「信頼のおける店舗＝高額品を買っても安心できる店」ということになります。要するに、ストアロイヤリティーの高い店舗はストアロイヤリティーの低い店舗よりも「高価な商品が売れる」のです。

●日々の積み重ねがブランドを築く

リサイクルショップで高価な商品といえば「ヴィトン」などの高級ブランドのバッグです。同じヴィトンのバッグでも全国的に有名なコメ兵と地方の総合リサイクル店では価格で1・5倍も差がありました。総合リサイクル店では3万円で売っているバッグがコメ兵では、4万5千円で売っているのです。しかも、総合リサイクル店ではブランドバッグが飛ぶように売れるのかというと、3ヶ月、4ヶ月経っても売れるものではありません。それだけ安心感、信頼感が欠如していると、高額品の売れ行きが悪くなるのです。

このストアロイヤリティーは日々のお客様への「信頼」の積み重ねです。そして、こうした信頼の積み重ねが「客単価アップ」へと結びつきます。総合リサイクル店でもオープン時に売れない高級バッグも、日々の販売の積み重ねで3年後には店舗の主力商品になることがよくあります。

安心、信頼、信用を売るストアロイヤリティーの構築は、成熟化社会での店舗選びの大きな要素になりつつあります。

ストアロイヤリティーは日々の誠意やブランド力アップの積み重ねが販売に結びつくのです。

ストアロイヤリティーを高めよう

3-6 商品力＝品揃えが最大の勝負！

●「商品力」が繁盛店で1番大切

戦闘的な差別化項目の中で最大のものが「商品力」です。どんな商売でも「商品力」が弱ければ売上が上がりません。小売店でいうと、いくら立地がよく、売場面積が大きくても「売れる商品」がなければ、繁盛店になりません。また、「商品力」はストアロイヤリティーやブランド力の育成ともいえ、長期的な視点で見ても「商品力」の強化や差別化は繁盛店づくりの最大のポイントになります。

「商品力」とは、量（ボリューム）、数（アイテム数）、幅（価格幅）、質で、自店の客層のニーズに合った商品を揃えることです。そのための施策は次の3つです。

① 1番化のMDを組む

MDとはマーチャンダイジングの略で、店舗の商品力や商品構成のことをいいます。船井総研では「自店の力相応の1番化」の品揃え構成を組むことで、地域1番の商品構成を持つ店舗へと「商品力」を強化することを進めています。

自店と競合店と差がある場合は、自店の勝てるカテゴリー、属性を探します。その部門について、競合店と差別化できる品揃え（量・数・幅）を差別化の数値をベースに考案するのです。その際、自店の得意とする商品から強化していくことです。

② 競合店を知る

1番化のMDを組むことを目的に「競合店の品揃えや価格調査」を行います。

③ ボリューム感を出す

競合店調査や1番化のMDから導き出された主力商品を中心にボリューム感のある売場を演出します。繁盛している店舗はボリューム感を上手く出しています。

整然とショールームのように並んでいる店舗は、あまり売れていないことが多く、ぱっと見て繁盛しているようにも思えません。それに対して、一目でボリュームがわかるようにヴィジュアルな訴求がされている店舗は、品揃えが多く見え、賑わい感が出るので繁盛しているように感じるのです。

商品力強化の流れ

自店の棚卸を行う

↓

自店の主力商品、準主力商品、その他商品に商品を分ける

↓

主力商品、準主力商品について競合店調査を行う

↓

競合店に対して量・数・幅・質で差別化できるところはどこかを見極める

↓

競合店調査を参考にして、商品のMDを組む

3-7 販促投入量で勝負をつける

●導入期から成長期の店舗戦略

チラシなどの販促は、店舗にお客様を呼ぶ集客装置です。業態や店舗の認知度の低い「導入期」や競合店がどんどん増えてくる「成長期」では、店舗の告知（お客様に知らせる）をすることが最重要になります。そのために販促投入量が差別化のポイントになってきます。特に立地が悪い店舗は販促を積極的に行って認知度を高めます。この時期は「人、モノ、金」の経営資源を販促や店舗の認知度向上のために使うと効果的です。

リサイクルショップがロードサイドに１００坪以上の売場面積で進出しはじめた１９９０年代はリサイクルショップの成長期でした。まだリサイクル店があまりなく、チラシをまけばたくさんのお客様が来店してくれました。競合店よりもたくさん露出することで認知度も高まります。そのため差別化調査も販促投入量を重点的に調査し、①販促媒体、②販促頻度、③露出度（媒体の面積・サイズ）などにこだわります。競合店に対して販促投入量で１・３倍～１・７倍を目安に販促計画を立案していきます。

●ライフサイクルで販促も変わる

これが、転換点を迎え、「展開期」「安定期」に入ってくると販促の中身もより細かくなります。たくさんある店舗の中から選んでもらわなければならないので販促手法も多様化します。小売店ではチラシ一辺倒から、ストアロイヤリティーを高めるためのテレビやラジオなどメディアへの露出や、ＤＭなど複合的な販促を行うことが多くなってきます。投入した販促費用に対して集客効果が落ちてくるのもこの頃です。また、ディスカウント系の店は新商品の大幅値引きなど商品の割安感をどう打ち出すかが競合店との差別化につながります。チラシや売り出しの目玉に神経を使うことになります。立地が最大の差別化要素になる中で、いかに来店してもらうかは販促内容によって変わります。競合店がどの媒体に力をいれているのか。打ち出そうとしている販促イメージは何か、割安感を演出する超目玉品は何か、販促担当者は必ず競合店をベンチマークしておかなければなりません。

販促から競合店を知る

●家電店のチラシ分析例

	競合店A	競合店B
チラシサイズ	B４	B３
超目玉品	10アイテム	20アイテム
目玉品	20アイテム	50アイテム
掲載アイテム数	200アイテム	500アイテム

●チラシ掲載液晶ＴＶ価格比較

商品名	競合店A	競合店B
M社32型液晶ＴＶ	69,800	掲載なし
T社19型液晶ＴＶ	44,500	掲載なし
H社19型液晶ＴＶ	49,800	掲載なし
S社20型液晶ＴＶ	58,800	掲載なし
T社37型液晶ＴＶ	134,500	198,000
H社42型液晶ＴＶ	162,000	178,000
S社26型液晶ＴＶ	74,800	掲載なし
P社26型プラズマＴＶ	134,800	掲載なし
P社37型プラズマＴＶ	134,800	158,000
T社42型液晶ＴＶ	242,000	238,000
S社32型液晶ＴＶ	76,800	94,800
P社32型プラズマＴＶ	89,800	93,800
T社40型液晶ＴＶ	142,000	158,000
S社40型液晶ＴＶ	165,000	158,000
S社46型液晶ＴＶ	198,000	199,800
T社32型液晶ＴＶ	掲載なし	74,800
S社37型液晶ＴＶ	掲載なし	126,800
H社37型液晶ＴＶ	掲載なし	198,000
S社52型液晶ＴＶ	掲載なし	348,000
P社42型プラズマＴＶ	掲載なし	188,000
P社50型プラズマＴＶ	掲載なし	348,000

・B店はB３の大型チラシに大量に商品を掲載していますが、全体に単価の高い商品です。
・チラシから高額所得者を狙った商品構成が推測されます。
・A店は小型で低価格TVを多く掲載し、B店は大型のTVを中心に掲載しています。

3-8 接客力で差別化する

●人と人との関係が差別化になる

日本の産業の多くは「成熟期」「安定期」に入ったといわれます。昔の高度成長期のような並べておけば何でも売れる時代は過ぎました。今は、モノがあまる時代です。また、インターネットの普及で情報化時代といわれるほどに情報が氾濫しています。店舗によっては店員さんよりも消費者のほうが商品情報に詳しい場合もあるくらいです。

それだけ、高度な消費、情報化社会の中で大きな差別化項目になるのが、人と人との関係づくりです。小売業やサービス業では「接客力」や「店員の人間性」を高めることが将来的な差別化になります。

●競合店のスタッフレベルを知る

競合店を見る場合は、まず店舗当たりの従業員数、売場面積当たりの従業員数を見ます。１人当たりの売上、粗利額を予測し，実際の接客からスタッフレベルを判断します。

たとえば、家電量販店の店舗当たりの従業員数を見てみると、大手のＹ電機は平日２００坪で４人です。１人当たりの売場面積は50坪とかなり大きな範囲で売場を見ています。地方で健闘しているＪデンキの２００坪店での従業員数は平日で10人、１人当たりの売場面積は10坪です。この差は歴然としており、両店に買物に行ったときの店員の対応力では圧倒的にＪデンキのほうがよく、商品知識も圧倒的にＪデンキのほうが豊富であり、顧客が価格以上に親切感や安心感、信頼感でＪデンキを選んでいるようです。接客人数でいうとＪデンキはＹ店の２倍強あり、スタッフのモチベーションも高く感じます。この地域では全国ナンバーワンのＹ電機よりも、Ｊデンキ店を利用するお客様が多いというのも納得です。

接客面で差別化する場合は、競合店との人員構成やスタッフの教育レベル、モチベーションなどの差を明らかにする必要があります。

数値化しにくい評価項目は接客調査を中心に定性評価を行い、売場面積当たり人員などの目で見える部分は差別化できる範囲で人員構成を増やしましょう。

接客力での差別化を調べる

【リサイクルショップの下取り】

客：すみません。下取りお願いしたいのですが。

スタッフ：2点ですね。　こちらは11,000円ですね。こちらは15,000円です。

客：この価格より高くならないですか。

スタッフ：こちらが弊社での買い取り価格ですので。　**そっけない、不親切**

客：わかりました。

【ゴルフ店】

客：ブリジストンとダンロップの最新クラブの価格はどのくらいですか。

スタッフ：ブリジストンの最新型はこちらで、ダンロップの最新型はこちらです。価格は6万円で2割引になります。　**割引率の提示**

客：そんなに値引きしてもらえるのですか。

スタッフ：どこも大体2割引だと思いますよ。こちらがカタログです。ほかにもいいものが載っているので、よろしければご覧ください。　**資料をすぐ渡して親切**

【ゴルフ店での初心者向け接客】

客：すみません。ゴルフをはじめたいのですが、何を揃えればいいですか。

スタッフ：こちらのセットがございます。必要なものが全部ついていて、パターとUT、アイアンも5番からついてます。　**すすめる商品が明確**

客：これだけあれば十分なのですね。

スタッフ：あとシューズですけど、1,980円からあります。　**低価格をすすめて買いやすさを与える**

客：クラブはどこを見ればいいのですか。

スタッフ：大体シャフトですね。初心者なら固さがR、SR、Sと3段階に分かれていますので、最初はやわらかいRがよいと思います。あとは握った感じでしょうね。軽いかどうかも重要です。こちらはトップブレードが厚くて打ちやすいでしょうね。距離感も短く感じてあたる感覚が増しますよ。　**専門用語は初心者に不親切**

ポイント

競合店のスタッフとのやりとりを分析。スタッフの商品知識や接客の印象、オススメ商品の売り方を分析しみる。うちの店ならこうするけど、このいい回しはうまいな、など接客レベルを知ることができる。

3-9 価格の差別化は価格戦略の立案から

●値付けのルールを知る

価格設定にはルールがあります。価格差があまりに小さいと、品質の差まで店員も説明しにくいし、客も理解しがたいので、不必要な価格は削除したほうがいいことがわかります。また、逆に価格差が開きすぎていると、予算の概念からして、より高額の商品への興味がなくなっていきます。このように値付けにはある一定のルールが存在します。

価格調査では、競合店の値付けのルールを知り、自店の売りたい価格に対して、どういった作戦で競合店は値付けや品揃えをしているのかを知るようにします。競合店調査での「価格の差別化」では、まず、自店がどの価格帯を売りたいのか、どの価格までが売れるのかを判断する必要があります。また、競合店とのポジショニングによっても、取るべき価格戦略が変化してきます。

価格戦略には大きく分けて2つあります。①強者（1番店）価格戦略、②弱者（3、4番店）価格戦略です。これらの店舗の、差別化したい部門や単品別の価格や数量調査を行い、価格とアイテム数を表にまとめていきます。

●ポジショニングで価格も変わる

左の表のような価格×アイテム表を作成し、強者ならば、価格戦略は競合店を包み込む形で構成し、さらに競合店よりも単価の高いもの（価格が左に寄る）が売れます。弱者の価格戦略は競合店よりも安く品揃えするわけですが、この際、気をつけなければならないのが強い競合店と直接競合しないように「勝つ商品」と「負ける商品」を選ぶことです。売上を上げるにはマーケットサイズの大きい商品を強化したいところですが、売上シェアの大きな商品を1番化するのでは目立ってしまいます。できれば1番店があまり気にかけないシェアの3番、4番目の商品を強化します。

価格も競合店に対して1÷1・3＝0・76＝24％ほど低く設定します。価格調査する際には自店の取るべき価格戦略は強者か弱者かを見極めて上限価格、下限価格とボリューム価格を導き出せるようにします。

価格の差別化を図る

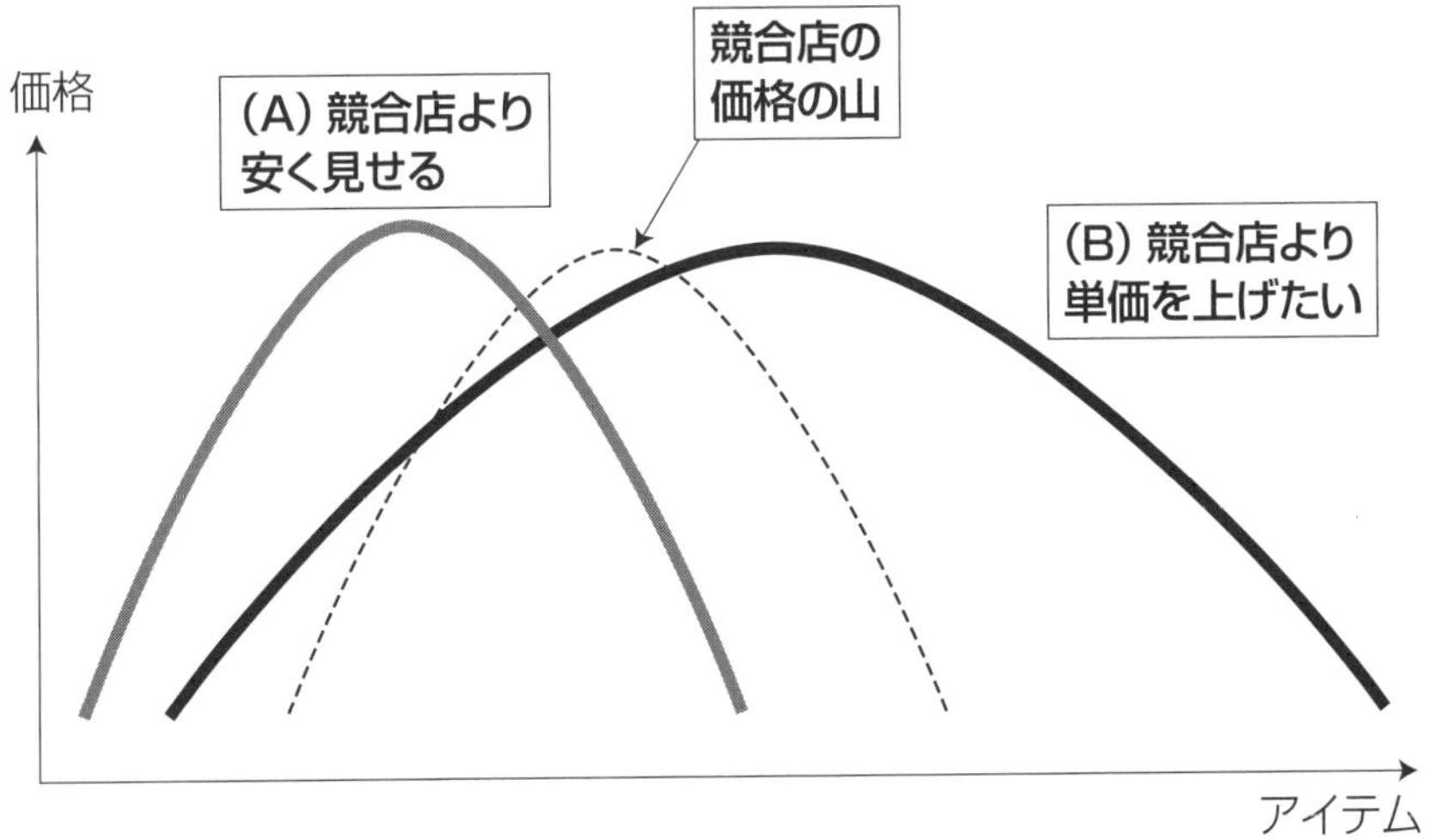

①競合店よりも安さを訴求したい場合はボリューム価格帯を左にずらす（A）
②競合店よりも店舗のブランドバリューがあり、高く売れる店は価格帯を広げてボリューム価格を競合店よりも右にずらす（B）
③(B) のように価格帯の幅を広げて競合店を包み込むのが1番店の品揃え
④自店のポジショニングによって価格帯も変わる

●わかりやすい価格設定も価格戦略のひとつ

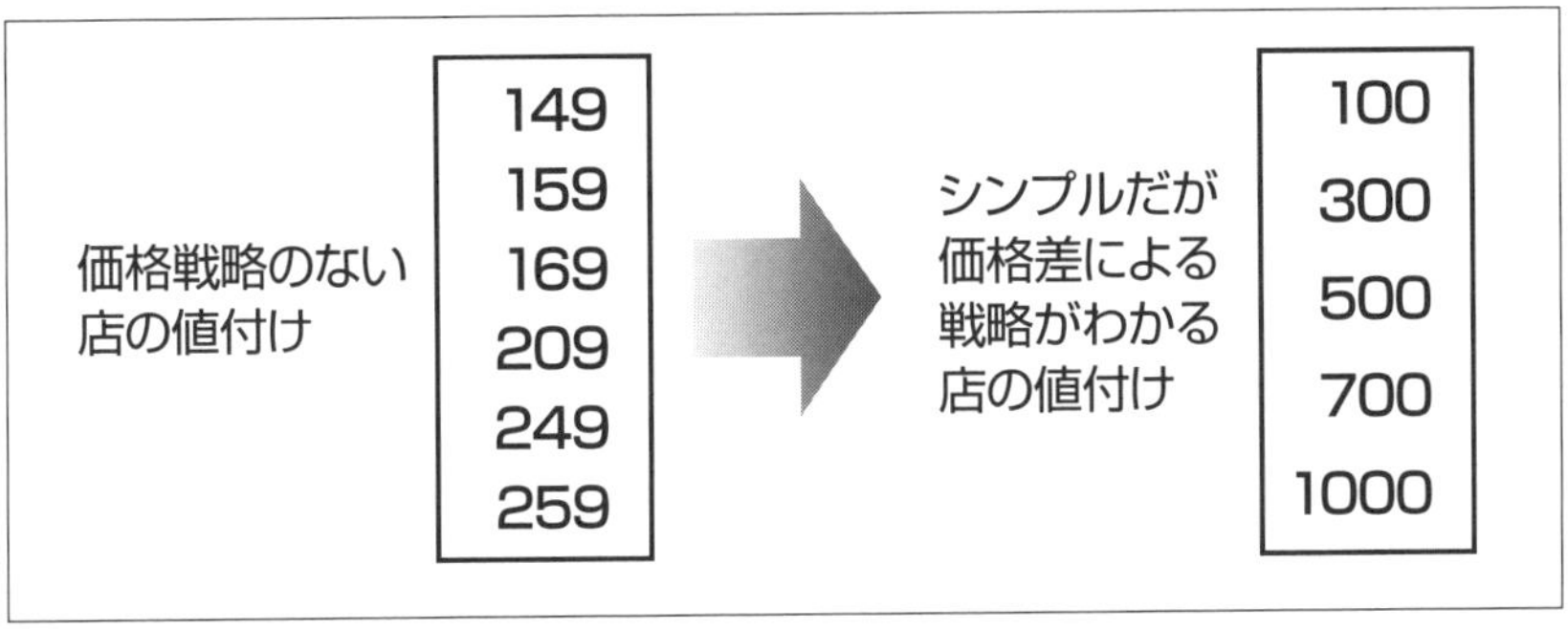

価格戦略のない店の値付け	シンプルだが価格差による戦略がわかる店の値付け
149 159 169 209 249 259	100 300 500 700 1000

3-10 固定客化の差別化項目！　サービス力

●再来店してもらう仕組みづくり

繁盛店をつくるには、同じお客様が何度も、繰り返し来店してもらわなければなりません。固定客化の手法、再来店してもらう仕組みがあるかないかも差別化のポイントです。

固定客化の手法は、表面上は見えにくい差別化項目です。他店を調査する場合は、この再来店してもらう仕組みを評価します。再来店の仕組みや内容を見るのは競合店の常連、または会員になり、会員向けのサービスを実際に確認することです。

ポイントカードならポイントの還元率やＤＭなどの案内の頻度を調べ、会員向けサービスの種類や質を実際に体験してみて吟味します。大手のポイントカードではポイントの還元率、発行枚数、利用率など公表されている資料も多く、参考になります。家電量販店のポイントカード戦争など、最近では、このポイントカードの差が店舗間の差（購買決定）に大きな影響を与えている業種も少なくはありません。

●独自のサービスを提供しよう

レンタルビデオ業界は大手２社が寡占する状況の厳しい業界です。両社とも有力な会員カードを発行しており、他業種と提携カード化することで、飲食店や航空会社での利用に関してもポイントがつくようになっています。

レンタルビデオの業界では会員カードの発行が当たり前であり、会員への付加価値の提供が求められています。ある地方レンタル店で会員カードの付加価値アップのサービスを検討しました。商圏には業界大手２社が存在しています。そこで会員カードのサービスを比較検討してポイント還元率を決定しました。さらに、ポイントカードは利用時（来店時）のサービスイメージの浸透が弱いのではということで３本以上レンタルの方に「ご利用時点で50円割引」を実施しました。独自のサービス提供することでレンタル件数が前年の５％増になりました。

サービス力は目に見えない差別化だけに、サービスの比較や消費者へのヒアリング調査などを通して独自の貢献点を見つけだすことが重要です。

自店独自の付加価値をつけよう

ポイントや会員カードの特典で
リピート率にも差が出る
ント
100ポイントごとに
プレゼント
毎土曜は3倍、
日曜日は5倍デー
友人を紹介すると
100ポイント加算
入会、更新時に、
500ポイント進呈
3年以上の継続で
サービス特典あり
1回の来店ごとに5ポイ
200ポイントで無料
水、木曜日は
ポイント3倍デー
ポイントに応じて
豪華賞品。カタログから
好きなアイテムを
ポイントカード提示
1割引、100ポイ
2割引、さらに30
0ポイントでシルバーカード
0ポイントでゴールドカード
00ポイント
お楽しみ抽選券
海外旅行が当た
しかし、こりゃ
おぼえきれん

4章

立地と商圏の調査

4-1 戦略・立地調査は競合店対策の前提

●戦略的調査と戦術的調査

競合店調査は戦略的調査と戦術的調査に大きく分かれます。

戦略的調査は業界の動向や、商圏調査、立地特性、売場面積比較、ストアロイヤリティーなど店舗の存立要件に関わるものです。

特に出店戦略を決める時には綿密に調査する必要があります。戦略的調査で最も重要なのが「立地」です。商圏内で1番の立地を持つことが「地域1番店」になるために必要だからです。戦略的な調査項目は出店や移転を考える時以外は、なかなか変えることはできないものですが、競合対策を考えるうえで前提になるので、分析が必要になります。

これに対して戦術的調査は品揃えや、販促力、接客力、価格力など店舗の商品構成を中心にしており、競合店調査を基に対策を立てることができます。

店構えや陳列密度、店舗がキレイか汚いかなどのイメージ的な部分は日々の店舗力を判断するため戦闘的な調査として位置づけられます。

●自店のポジショニングを把握する

戦略的な調査項目で重要なのは、自店と競合店の位置付けを明確にすることです。競合店と比較して立地のよし悪し、売場面積の広さなどの異なる点を明確にする必要があります。商圏内の競合店の立地や売場面積を把握し、戦場となる商圏の特性や販売ターゲットの動向などを知ることで、売れる商品の品揃えやサービスについて考えます。

たとえば、A店とB店のどちらが売上を上げているか、どの店舗が、どの商品で1番売れているのかなど、商圏内の競合店の特性を知り、作戦を立案するための判断軸を持ちます。商圏内の全店について、売場面積、取扱品目など基本的な情報は整理しておき、地図や表にまとめます。

競合店対策を行う前に、商圏特性について資料収集や調査を行うことで、競合店対策も立体的でより効果のあるものになるのです。

商圏の基本調査項目と出所

	テーマ	項目	資料元
1	人口・世帯数	住民基本台帳人口・世帯数	総務省自治行政局
		国勢調査人口・世帯数	総務省統計局
		年齢別・性別人口	総務省自治行政局
		昼夜間人口比	総務省統計局
		将来推計人口	国立社会保障・人口問題研究所
		単身世帯比	総務省統計局
2	住民特性	所得格差	総務省自治税務局
		銀行預金残高	地域経済総覧
		高額納税者数	地域経済総覧
		持家比率	地域経済総覧
		一世帯当たり床面積	地域経済総覧
		乗用車保有台数	地域経済総覧
3	地域特性	産業別就業人口	総務省統計局
		着工住宅戸数伸び率	地域経済総覧
		用途別地価・上昇率	地域経済総覧
		金融機関店舗数	地域経済総覧
		民営総事業所数	地域経済総覧
		年間観光客数	市町村役場
4	商業特性	小売業年間販売額	商業統計
		小売業商店数	商業統計
		小売業売場面積	商業統計
		売場１㎡当たり人口	商業統計
		飲食業販売額	商業統計
		飲食店数	総務省統計局
		スーパーマーケット数	日本スーパー名鑑
		小売吸引人口	地域経済総覧
		大型小売店舗売上高	流通会社年鑑
		大型小売店売場面積	全国大型小売店総覧
5	マーケット規模	家計調査品目別消費支出	総務省統計局
		小売業年間販売額	商業統計
		マーケットサイズ	船井総合研究所

4-2 自店の商圏を設定する

●商圏を業種、業態から考える

調査を開始する前に大事なことは、商圏を設定することです。商圏とは自店の商勢力がおよぶ地域のことです。商圏範囲は業種、業態によって異なります。商圏人口と「業態や店舗規模」には関連性があります。単純にいうと、店舗規模が大きくなるにつれ商圏も広くなるということです。商圏人口1万人（コンビニ成立商圏）は徒歩で10分の範囲、3万人（スーパーマーケット成立商圏）は自転車で10分の範囲、7～18万人（郊外店の成立商圏）は車で10分の範囲を商圏として考えるとわかりやすいでしょう。

お客様が身近に使う店舗の移動距離の平均を考えると、だいたい家から10分圏内の店舗を利用することが多いようです。お客様は時間・心理的に行きやすい店舗を利用します。また、日本の国土は欧米に比べ、平地が少なく山や川が多くあります。ですから商圏には高速道路や大きな河川、鉄道や山など地理的な分断要因も考慮しなければなりません。

●チラシを使った商圏の設定

チラシ配布地域を商圏とする考え方もあります。この場合はチラシ配布エリアを商圏とみなします。既存の店舗で長年営業している場合は、年数が長ければ長いほど初期に想定していた商圏が変化しています。チラシの反応を見て商圏の変更も可能です。

たとえば、リサイクルショップでは「買取チラシ」を配布します。買取の際にはお客様のお名前や住所をお聞きするので、チラシを配布したどの地域からの来店が多いのか地図上にマークします。こうしてチラシの反響結果を測定すると、今まで商圏だと思っていた地域からの来店が少なく、実際の商圏範囲は思っていたほど広くなかったということがよくあります。

チラシの反響を分析することは生きた商圏を把握するためには有効な手段です。住所の聞く機会のない業種はお客様がどの地区から来たのかレジで聞いたり、「チラシをご持参いただければ○○プレゼント」などの景品を載せて、反響地区を測定することができます。

自店の商圏を設定する方法

●店舗からの距離で考える

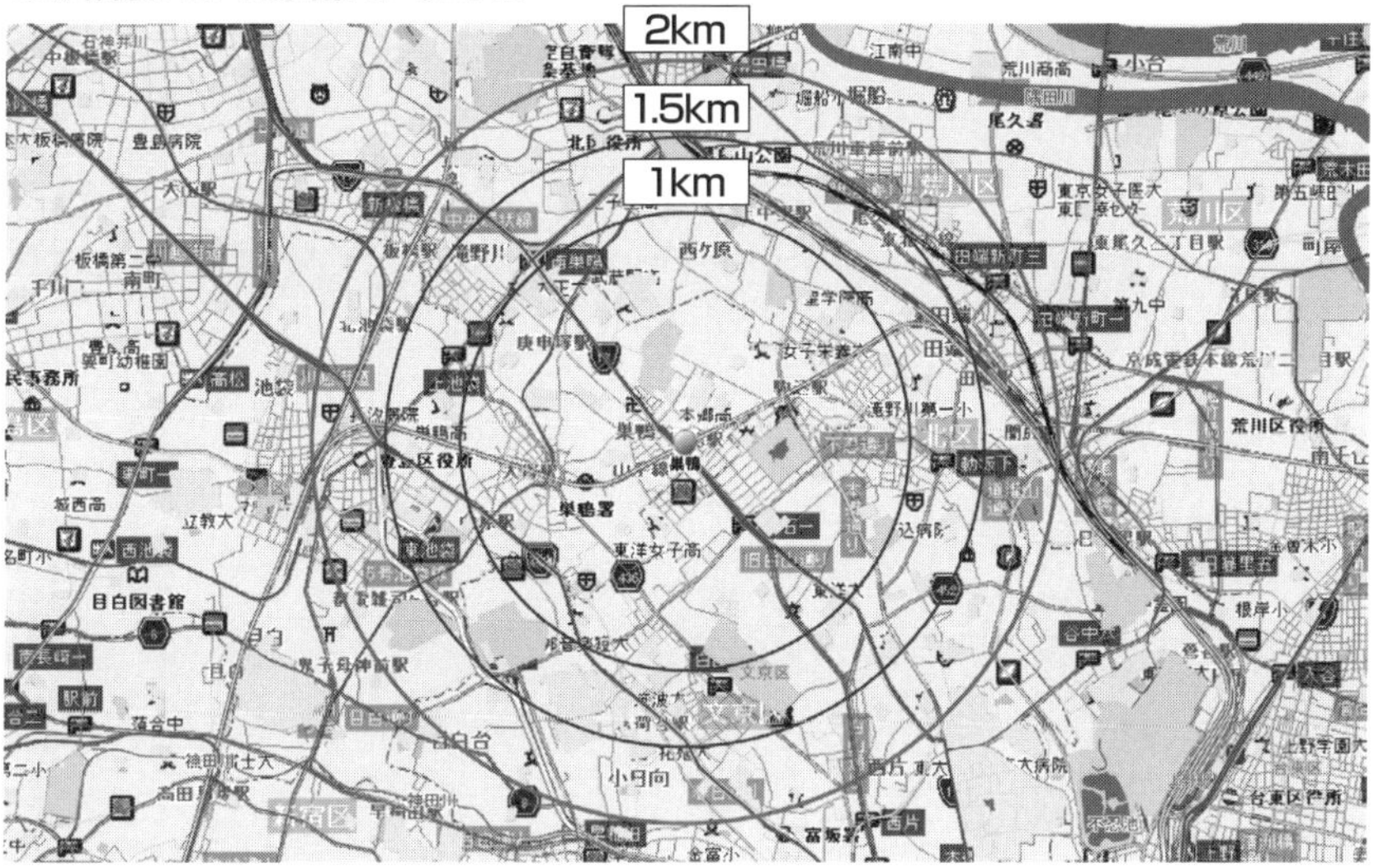

●商圏立地診断表

大分類	番号	項目	配点	○○駅		○△駅		△△駅	
				数値	配点	数値	配点	数値	配点
基本静態資料	1	商圏人口（常住人口）	10	285,905	8	381,520	10	181,880	6
	2	商圏世帯数	10	153,948	9	179,393	10	93,548	6
	3	40代以上女性人口	20	78,555	14	106,015	20	50,746	10
人口吸引力	4	トンプソン指数＝人口吸引力	5	134%	2	101%	2	626%	5
	5	商業人口	5	383,794	2	385,595	2	1,139,208	5
	6	大型（3000㎡以上）売場店舗数	5	5	3	13	5	12	5
	7	百貨店　店舗数	3	1	1	3	2	6	3
	8	総合スーパー　店舗数	1	4	1	7	1	1	1
	9	専門スーパー　店舗数	1	42	1	61	1	49	1
ポテンシャル指数	10	持家数	5	70,837	4	83,575	5	46,620	3
	11	一戸建て数	5	24,886	2	40,424	4	20,112	2
	12	人口増減率	5	10.1%	5	7.1%	4	16.3%	5
	13	1000万円以上世帯数	5	4	4	5	5	3	3
競合指数	14	競合店舗数	10	27	6	53	3	39	5
	15	主力競合店舗数	10	0	10	4	6	4	6
総合計			100		72		80		66

※簡易立地診断表、点数は船井総研の配点表に基づいています。

4-3 商圏内を自分の目と足で確かめる

●商圏の地図をつくる

自店の商圏については、自分の目と足で確かめることが地域特性を知る早道です。地図上の半円で自店の商圏を確定するだけでは本当の地域特性に合わせた施策が打てません。そのため必ず地域周辺を実際に歩いたり、車で走行して探索します。

実地調査に必要なのは自店の入ったエリア地図とペンです。地図上の東西南北の主要道路を実際に歩いたり、車に乗って調査します。調査するエリアは徒歩または車で5分圏、10分圏、15分圏、20分圏までとします。実際に歩き、車で走行してみて地図上に5分で到達したところ、10分で到達したところにマークをつけます。

少し粗いのですが、東西南北で同じ到達圏のマークを結ぶとそこが時間での商圏区分になります。5分圏、10分圏と色を変えてみるとわかりやすいでしょう。

●実地調査での商圏特性を知る

また、実地調査で確定した商圏ごとに町丁別の人口を出します。町丁別の人口は各市町村の役場に問い合わせて（最近はホームページ上に掲載されている）、商圏内の町丁別人口を足していきます。

車を使う場合の実地調査は、交通渋滞状況の変化がありますから、平日と土日の2回行います。5分圏は一次商圏で主要顧客の住む重要地区。10分圏内は二次商圏で自店の利用頻度の高い商圏。15分商圏は三次商圏で自店の最大商圏として考えます。さらに一次商圏については詳細に調べます。一次商圏内の学校や会社、工場、病院やショッピングセンターなどあらゆる地域情報を収集するようにします。学校行事やショッピングセンターの特売情報、どこのスーパーが繁盛店なのか、若年人口が多いのか、高齢者が多いのかなど実施調査から得られる情報を整理しておきます。郊外店の一次商圏は半径2・5キロ圏内という業態が多いですが、そこはくまなく歩きます。その際は人や車の流れがどうなっているのか確認しましょう。人や車の流れを地図上に記入しながら「この道は東から西に人が流れている」、「北から南に流れている」など理解しておくことが集客の際に重要です。

実地調査で得られる情報

4-4 商圏内の市場規模を算出する

●マーケットサイズを調べる

地域の商圏が確定して商圏内の人口がわかれば、次に商圏内の市場規模＝マーケットサイズ（ＭＳ）を算出します。商圏内の市場規模は船井総研のＭＳ表（10章５項）より算出してみてください。ＭＳは1年間に国民１人当たりが当該品目について支出する金額です。ＭＳからの市場規模の算出法はＭＳ×商圏内人口になります。

商圏内の市場規模は1次商圏、２次商圏、３次商圏で算出します。算出した市場規模から1次商圏、２次商圏、３次商圏のシェア売上表を作成します。表に従って自店の1次商圏のシェア、２次商圏のシェア、３次商圏のシェアを確認し、商圏内の自店の強さを把握します。当然1次商圏でのシェア率が高いことになりますが、１次商圏で1番店シェアの26％以上を確保していることが地域で安定した基盤を持つことになります。

●競合店との順位を計算してみる

およその市場規模がわかれば自店と競合店との位置付け（シェア順）を推測してみます。シェアから自店や競合店の位置付けを判断することができます。この位置付けが競合店対策には重要になってきます。

競合店の売上推計を出すには、競合店の売場面積と坪効率から出す方法とレジ客数や飲食店だと座席回転数から割り出すことができます。レジ客算出の方法は、競合店のレジ客を1時間単位で調査して、平均で自店よりもどれくらい多いか、少ないかで予測します。たとえば、平日の13時～14時までのレジ客数が自店よりも１２０％多い場合、客単価が同じだと仮定すると自店よりも１２０％売上が多いと推測します。１時間単位でのレジ数調査を数十回繰り返して、自店と競合店とのレジ客数の差から売上予測を行うことができます。客単価についても同様にレジ客の購入商品から推測することで売上予測ができます。たとえばカジュアル店のお客様を観察すると、多くのお客様がカゴにＴシャツ3枚、ジーンズ1本を購入している場合は、Ｔシャツ平均単価８００円×３＝２４００円、ジーンズ1本５０００円なら、１人当たり客単価は７４００円と推測できます。

シェアの計算式

売上＝マーケットサイズ×シェア

$$\text{マーケットサイズ}=\frac{\text{その業種または、その商品の日本での売上高}}{\text{日本の総人口}}$$

$$\text{シェア}=\frac{\text{売上}}{\text{マーケットサイズ}\times\text{商圏人口}}$$

●シェアによる順位

商圏内シェア	商圏内順位
26%	1番店
19%	1.5番店
15%	2番店
3～7%	3番店以下

4-5 商圏内の競合店を知る

●競合店の位置を把握する

商圏が確定したら、競合店を地図の上にプロットしてみます。競合店とは同じ商品やサービスを扱う店舗で、客層や商圏が重なっている店舗です。

商圏内の競合店について見落としのないようにタウンページの業種検索から地図に落とし込んでいきます。同じように一次商圏、二次商圏、三次商圏と競合店の位置と数を地図上にマークしてみます。競合として対策を講じるには、自店からの距離とシェアから判断するのがいいようです。

たとえば、自店と競合店との関係で自店が地域で4番店の場合は、競争原理からはグループリーダーになって2番店の足を引っ張ることになります。商品やサービスの競合対策も1番店に対しての対策を立てるよりも、2番店や3番店、5番店など下位の店舗を狙ったほうが効果的です。

しかし、1番店は商圏内のリーダーであり、すべては1番店中心にまわります。1番店の品揃えやサービス内容が商圏内の品揃えやサービス内容の「よい、悪い」の判断する材料にもなりますので、必ず1番店は調査して対策を立てることが必要です。特に、1番店が自店の一次商圏内にあり、2番店以下が三次商圏以外にある場合だと距離的に近い1番店を必然的に競合として意識しなくてはならなくなります。

●一次商圏の競合店対策が最重要

競合店対策として意識しなくてはいけないのは、1次商圏、二次（三次）商圏での1番店と一次商圏内にある競合店です。一次商圏にある競合店には競合調査の頻度を高め、収集した地域情報を基にした店頭イベントや販促を行っているかなど、きめ細かな調査を行います。一次商圏の顧客を取られることは店舗の存続という意味で致命的な影響になりかねません。二次商圏、三次商圏の競合店については距離的な点で心理的に優位な立場にあります。顧客は家から近い店舗を利用する特性があります。逆にいうと一次商圏内に多くの競合店を抱えている地域は競争が激しく、競合対策も複雑になってきます。

商圏内の競合店を調べる

●地図上に競合店をマークしていく

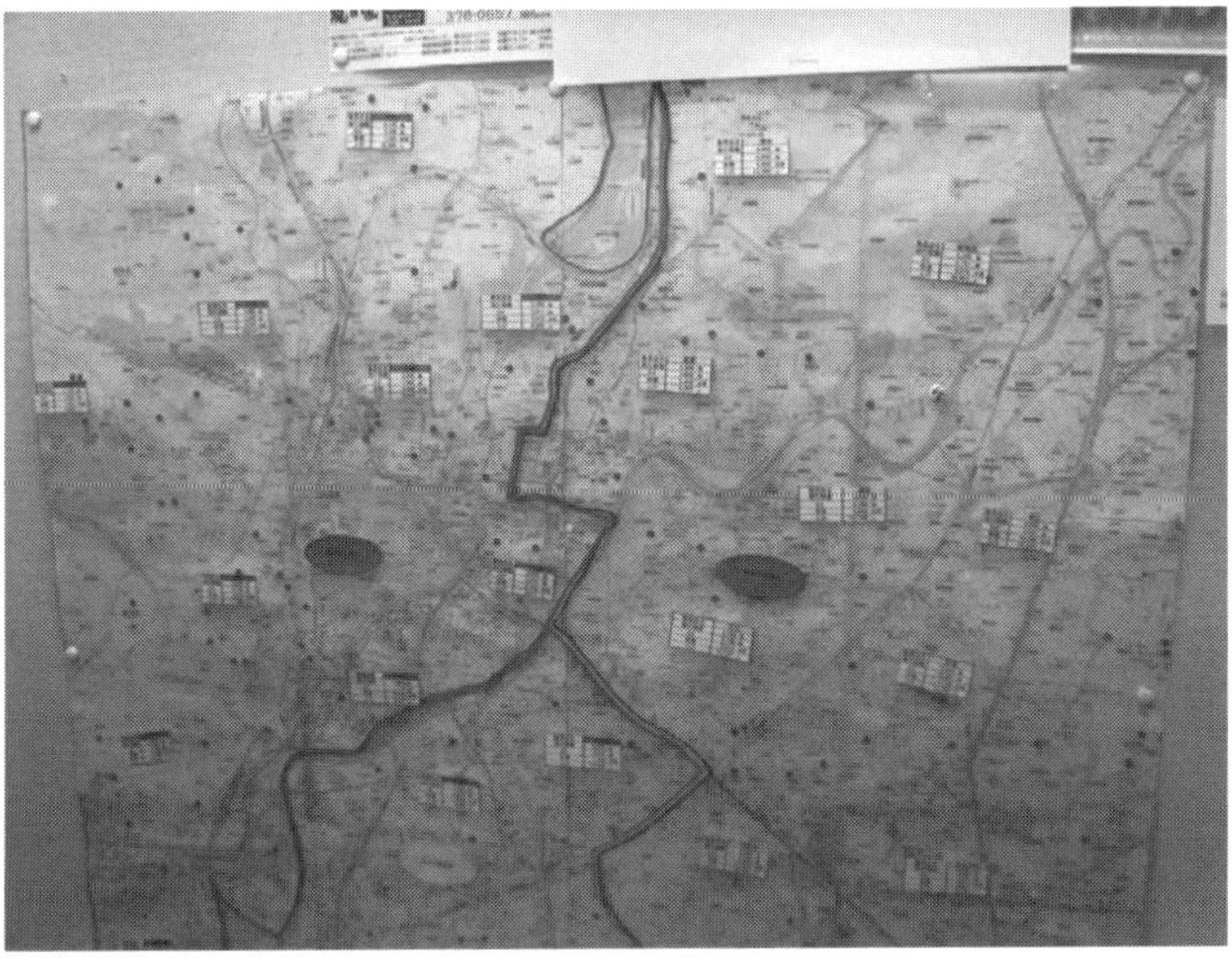

●商圏の目安

	目安時間距離	考え方
一次商圏	・徒歩（半径500m程度） ・自転車（半径１キロ圏程度） ・車10分圏（半径３キロ圏程度）	・基礎商圏、デイリー商圏といえる ・日常的に抵抗感なく来店できる範囲 ・コンビニエンスストアやスーパーマーケットの主要商圏
二次商圏	・車20分圏（半径５キロ圏程度）	・ウィークエンド商圏といえるもので、時々出かけるには抵抗感のない距離 ・小商圏業態で、セール時にチラシをまけば獲得できる範囲 ・郊外型店舗では通儒このエリアまで商圏を獲得する場合が多い
三次商圏	・車・鉄道で30分圏 ・車20分圏（半径７～10キロ圏）	・マンスリー商圏となり、きっかけがないと来店しづらい距離となる ・大型ショッピングセンターや大型専門店はこのエリアの獲得が目標となる

ポイント

自店の商圏と競合店の商圏を地図上に書いてみる
自店の一次商圏、二次商圏、三次商圏の競合店をリストアップする

4-6

直接競合する店舗は2～3店舗

●競合店が多い場合

自店の商圏を確定したら、直接競合する競合店を選びます。食品スーパーやコンビニなど店舗数の多い業種では商圏内に同一業種が十数店舗あるということも珍しくありません。全店が競合店といえばそうなのですが、直接的に競合しているのはそのうちの2～3店の場合が多いものです。実際どの店舗が競合店といえるのかをよく考えて調査することが大切です。

どうしても競合店といえば地域1番店を対象にしがちですが、前項でも述べた通り、自店や競合店のシェア（ポジション）によって実際に競合する店舗は異なります。最終的な目標である1番店の調査は必ず行いますが、商圏内の競合店調査は、対象となる店舗によって頻度や内容を変えることで効率的な調査を実施することができます。この競合店舗選びも調査の重要な一歩です。

●部門ごとに調査店舗は異なる

店舗ごとの直接競合店は2～3店舗ですが、部門別でも競合店舗は異なります。たとえば、ある大型スーパーでA、B、C店の3店舗を競合店と選んだとします。しかし、紳士衣料品の売場面積ではD、E店のほうが大きく、実際にも直接競合している場合があります。やはり、その場合は部門ごとに競合店を設定して担当者が必ずチェックしておくことが必要です。注意しなくてはいけないのが、店舗の競合がA～C店と決めてしまったら、その店舗だけ調査してしまって、部門ごとの競合状況を把握しないことです。特にこの部門だけは負けたくない、1番店でありたいと思う主力部門については、地域の強い店舗を意識する必要があります。そのために主力部門については部門担当者に部門ごとの調査を行い、対策を考えてもらいます。ただし、競合店と認識する店舗が多くなりすぎると対策がバラバラになり、効果的な競合店対策にならないことがあります。やはり、押さえる店舗は2～3店にしぼり込み、どの店舗に対して対策を打つのかをきちんと把握する必要があります。そのためにも各部門担当者にも、競合する売場の調査や意識を高めてもらう必要があります。

競合店との部門別の競合状況を知る

●大型スーパーの例

部門	競合店A	競合店B	競合店C	競合店D	競合店E
食品	◎	○	△	△	△
紳士服	○	△	△	◎	○
婦人服	○	◎	△	△	△
雑貨	△	◎	◎	△	△
家電	○	◎	○	△	△
総評	○	◎	○	△	△

◎直接的競合状態　○競合状態　△競合していない

総合的に１番の競合状況にあるのはB店。部門で見ると、食品と紳士服は地域で１番競合するのは食品はA店、紳士服はD店である。集客商品である食品ではA店を上回るように気をつけなければならない。紳士服の強化を図るにはD店をマークする。

●ポジションによる競争の考え方（船井流競争法から）

	自分の立場から	競合力原理から	シェア原則から
１番店の戦略	①競争しないこと ②競争市場を自店中心に安定させておく ③緩やかな包み込み戦略をとる ④超競合市場を現出させない	２番店の力を強めないこと ２番店をたたけ！	42%以上のシェアをとること
２番店の戦略	①１番店と対抗できる力を早くつける ②３番店以下との関係で競争市場をたえず不安定にしておく ③３番店以下をアジテートし、１番店の包み込みを不可能にする。 ④３番店以下と圧倒的な差をつけておく	１番店の80%以上の力になる ３番店をたたき、力をたくわえて１番店と勝負	26%以上のシェアを占める
３番店の戦略	①１番店と同盟を結ぶ ②４番店以下とは圧倒的な差をつけておく ③２番店の足を引っ張る ④２番店との関係で競争市場をたえず不安定にさせておく	２番店の80%以上の力になる ４番店以下をたたき力をたくわえ２番店と勝負！	１番店が42%のシェアになるのを防ぐ。１番店の安定市場づくりを防ぐ
４番店の戦略	①まずグループの長になる。理念、資質が肝要 ②弱者の結集条件をつくり出す ③グループを大きくし、１番店に匹敵するまでに持っていく ④２番店の足を引っ張る		
５番店の戦略	①強い競合者から、競合意識を持たれないようにする ②１番店と共に生きる。ひとつの秩序の中で気楽に生きる ③あきらめの感情を、他へ発散させるため客と親しくなり関連的に他への進出を考える		

4-7 立地調査のポイント

●立地分析を行う

　直接的に競合する店舗が決まれば、競合店の立地分析を行います。立地分析のポイントはお客様から見た店舗への時間的、距離的なアプローチの容易性の比較、店舗の認知度や入りやすさの差になります。

　競合店や自店の立地の優位性を調べる場合に行うのが、店舗前の通行量調査です。店前の通行量、渋滞度、中央分離帯の有無、周辺の商集積度、通勤通学の帰宅路線かどうかなどで立地を判断します。通行量調査は商圏内の全店で行うことが理想ですが、競合店が多い場合は直接競合する店舗だけを対象に行ってもよいでしょう。

　主要道路の交通量については国土交通省が調査資料を出しているので、資料を集めておきましょう。

●店前通行量調査をしよう

　店前通行量は集客に大きく左右します。店前通行量の調べ方ですが、通常軒先の３メートル（車の場合は片側車線）以内を通る人の数を数えます。それ以上離れると店を認知しにくくなるからです。店前通行量調査は資料からだけではなく、実際に現地で見て数えることが必要です。それは、実際のデータと乖離していることが多いからです。

　また現地に行くと、実際に歩いている人の客層や持ち物など、数だけでは表せない情報もキャッチできます。競合店の交通量を調べる時は、平日と土日の２日間、実際に店前に立って調べます。１日中調べることができればいいのですが、実際には朝と昼と晩の３つの時間帯の１時間だけを調査すればよいでしょう。

　出店を決める際はじっくりと店前通行量を数えて出店の判断にしていますが、競合店調査では競合店と自店との差別化の基礎的な資料として判断するために、時間ごとの店前通行料の多い、少ないというデータから判断します。

　出店の時に競合店を上回る立地と売場面積の店舗を出したいと思う際には、競合店の店前通行量よりも１・３倍以上多い場所に出店すると、効率よく勝ちを収めることができます。

出店時の競合店の立地調査

●立地選びの優先順位（リサイクル店の例）

1　まず、近隣の商圏人口、特に一次商圏を調べる

都市型（半径2.5キロで10万人〜）
都市近郊型（半径５キロで10万人〜）
地方都市型（半径7.5キロで10万人〜）

2　店前の通行量

最低の店前通行量を決めて、それ以上を第一の条件にする
１等地（８時〜20時の通行量１万台〜、うち自家用車率60%〜）
２等地（同8,000台〜）
３等地（同6,000台〜）
※最低３等地以上で出店したい

3　目立つ看板、店舗であるか

主要道路から見て目立つ看板か、または店舗そのものが目立っているか、すぐに見てわかるか

4　店舗の入りやすさと出やすさ

5　立地選びの項目詳細の確認

①店前通行量の多い場所（片側車線の交通量を計測）
できれば８時〜10時で１万台以上（うち自家用車比率60%以上）
②店舗の視認性がいいこと（平均時速の倍以上の距離、平均時速40キロなら80メートル先から店舗看板や店舗が十分に認識できる）
③女性が入店しやすいこと（駐車場入口の間口は広いほうがいい）
④店舗から出るときに比較的容易に左折、右折ができる
⑤学生数１万人以上の大学が商圏内にある（カジュアル衣料が売れる）
⑥所得指数が全国平均以上（高額品が動く）
⑦人口が増えている（買取がしやすい）
⑧駐車場台数は10坪に１台が理想（100坪で10台）
⑨半径2.5キロ（都会）、５キロ（郊外）、7.5キロ（地方）で人口が10万人以上いる
⑩坪当たり家賃は１万円まで、理想は7000円以下
⑪中央分離帯のない道路が理想
⑫カーブ付近や坂（降り、昇り）付近は避ける
⑬店前の平均時速は30キロ以下が理想で渋滞はしない
⑭同じ道沿い、近隣に物販店（服や、本屋など）がある。飲食店ばかりの場所は避ける
⑮量販店などの地域一番店の近く
⑯駐車場が前にはり出していないこと。店舗が道から確認できること

ポイント　業態ごとの立地のポイントを選び出し、立地条件について、自店と競合店を比較してみる。

4-8 戦略的調査で自店と競合店のポジショニングを判断する

●売場面積から売上予測をする

競合店の売場面積を測るには、床のタイルの枚数や天井のタイルで計測可能ですが、今後のためにも目で見ただけで判断できるように、日頃から計測を意識して売場を見ていきましょう。大型店の売場面積を知りたい場合は『ＤＩＹ・ホームセンター総合市場年鑑』などの資料を使うのもいいでしょう。

売場面積は競合店の売上を予測し、判断する基準ともなります。たとえば、３００坪の売場面積を持つ総合リサイクルショップの場合、その店舗の商品力や繁盛レベルを見極められるならば、その調査に応じて売上を予想することができます。

不振店レベル：商品力が弱く、陳列量も少ない
　３００坪×2万円（月坪当たり売上）＝６００万円
標準店レベル：商品力、陳列量ともに標準並み
　３００坪×3万円～4万円＝９００万円～１２００万円
繁盛店レベル：商品力、陳列量ともに豊富
　３００坪×5万円＝１５００万円

このように推測できます。業種によって目安となる売上は変わりますので、同業種の平均売上を知っておきましょう。

●競合店各店の売場比較と売上予測表をつくる

店舗の優劣を決める際の重要な戦略的項目のひとつが売場面積です。一般的に売場面積と商圏範囲は比例しています。売場面積が大きく品揃えの豊富な店は広域からお客様を呼べます。

地域にある競合店の売場面積は必ず調べて、売場面積比較表を作成します。たとえば、総合リサイクルショップの場合ですが、50坪以下の店舗はそこからの半径２・５キロ商圏が最大商圏、１００坪クラスで半径5キロ、２００坪では半径７・５キロ圏内が最大商圏となる調査が出ています。

各売場の構成と面積を比較して、どの店舗が売場面積で商圏内最大なのか、自店が対策を打つとするなら売場面積の構成をどう変えていくのかも、店舗づくりを進めるうえでも重要です。

競合店の坪数から売上を予測する

●総合リサイクルショップ例

1次商圏内競合状況推定

	月間坪効率（万）			Aマート				Bストア				Cショップ			
	不振	平均	繁盛	坪数	坪効率	売上	年間売上	坪数	坪効率	売上	年間売上	坪数	坪効率	売上	年間売上
家電	5	8	10〜	32	8	256	3,072	15	5	75	900	20	5	100	1,200
家具	2	3	5〜	156	2	312	3,744	136	2	272	3,264	75	2	150	1,800
衣料	2	5	10〜	22	5	110	1,320	15	2	30	360	0	2	0	0
ギフト・雑貨	2	4	5〜	11	4	44	528	17	5	85	1,020	4	2	8	96
ブランド	10	20	40〜	15	20	300	3,600	3	10	30	360	0	10	0	0
宝石・貴金属	20	50	80〜	1	50	50	600	0	50	0	0	0	20	0	0
ホビー	3	5	10〜	2	5	10	120	0	0	0	0	0	3	0	0
スポーツ・釣具	5	10	30〜	2	10	20	240	0	0	0	0	0	5	0	0
楽器	3	5	10〜	10	5	50	600	0	0	0	0	0	3	0	0
その他	3	5	10〜	67	5	335	4,020	115	3	345	4,140	47	3	141	1,692
合計	2	3	5〜	318	5	1,487	17,844	301	3	837	10,044	146	3	399	4,788

※単位＝万円

	MS(円)	市場規模		自店年間売上	自店市場内シェア		1次商圏内売上シェア推計					
							Aマート		Bストア		Cショップ	
		1次商圏	2次商圏		1次商圏	2次商圏	売上	シェア	売上	シェア	売上	シェア
家電	1,500	22,687	76,462	4,800	21.16%	6.28%	3,072	13.54%	900	3.97%	1,200	5.29%
家具	1,000	15,124	50,974	5,400	35.70%	10.59%	3,744	24.75%	3,264	21.58%	1,800	11.90%
衣料	2,000	30,249	101,949	4,800	15.87%	4.71%	1,320	4.36%	360	1.19%	0	0.00%
ギフト・雑貨	1,200	18,149	61,169	1,200	6.61%	1.96%	528	2.91%	1,020	5.62%	96	0.53%
ブランド	1,200	18,149	61,169	2,400	13.22%	3.92%	3,600	19.84%	360	1.98%	0	0.00%
宝石・貴金属	300	4,537	15,292	600	13.22%	3.92%	600	13.22%	0	0.00%	0	0.00%
その他	300	4,537	15,292	2,400	52.89%	15.69%	0	0.00%	0	0.00%	0	0.00%
合計	7,500	113,433	382,308	21,600	19.04%	5.65%	12,864	11.34%	5,904	5.20%	3,096	2.73%

単位：万円

●業界平均の経営指標（単位千円：年間）

	婦人服小売業	子供服小売業	靴小売業	酒小売業	コンビニエンスストア
坪効率	3,428	3,116	2,362	6,849	6,124
1人当たり売上	21,275	23,143	18,687	35,001	53,117

小企業の経営指標（2004年版　国民生活金融公庫）

ポイント

競合店の売場面積から売上を予測する。
業界平均の不振店、平均店、繁盛店の坪効率を算出するとわかりやすい。

4-9 商圏の流れを調べる

●時間で変わる人と車の流れ

商圏内の人や車の流れも定期的に調査しておきます。まず、自店に来店するお客様の人と車の流れです。これは東西南北の主要道路について調べておきます。

平日と土日、祝日では人や車の流れは異なります。通常、平日は午前中に住宅地から出勤地への流れがあり、昼頃から住宅地から商業地への動きが増します。夕方の帰宅時間になると、午前中の流れとは逆の動きになります。休日は人や車の動きが変わります。通常は午前中から午後の3時頃までは商業地やレジャー施設への動きがあります。夕方はその逆です。

この人や車の流れをつかんでおくと、○○町に住んでいる人は××市へ通勤している、○○町に住んでいる人のほとんどは△△に買物に行くなどの情報がインプットされます。

●人や車の流れと競合店

自店の商圏内の人や車の動きを地図で把握して競合店との位置関係を考えて見ます。

○○市に住んでいるほとんどの人は××市に通勤するのですが、通勤に使われる国道上にあるのは競合店A店です。○○市の○○町に住む人は流れでいうとA店を通って自店を過ぎ、通勤市へ向かいます。逆に帰宅の流れでは自店のほうがA店よりも先にあります。平日の帰宅時に○○町の人に自店に立ち寄ってもらえる工夫ができれば、A店よりも集客することが可能です。

しかし、祝日の人の流れは自店とは逆の商業施設へと向かう人が多いようです。祝日の○○町に住む人の来店数が少ないのはこのためです。また、新しくできたバイパスや商業施設によっても人や車の流れは変わります。今まで店前に人や車があふれていたのに、新しくできた道や商業施設によって来客数が激減したというケースは非常に多いのです。

新しい商業施設やバイパスの計画段階から、人の流れの変化は予測できるので、ポイントカードなどを利用し、「固定客化」に力を入れるなど早めに対策を打つことが大切です。

商圏の人の流れを把握する

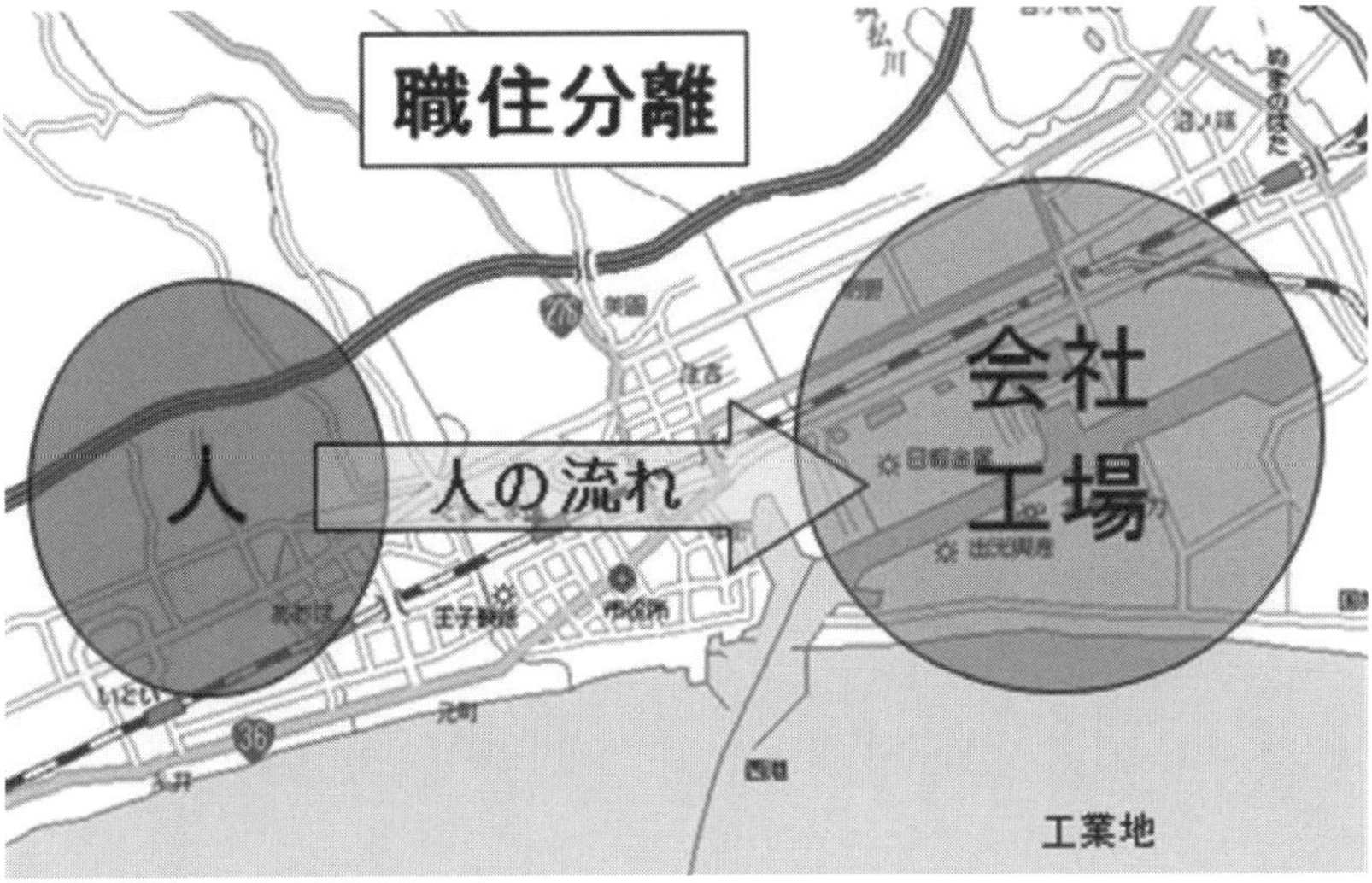

朝（通勤時）・昼（主婦の買物）・晩（帰宅時）の人や車の流れを把握する

↓

地図に人の流れを書き込み、商圏内の客導線をひと目でわかるようにする

↓

人の流れに沿って店舗の出店位置や看板の配置を決める

↓

人の流れは変わりやすいので定期的に調査する

4-10 環境要因を参考にして店舗の方向性を決める

●繁盛店づくりに欠かせない競合店調査

地域の競合店の売場面積や商圏内の地域性を知ることは、店舗のコンセプトや戦略を練る上の土台となるものです。地域の競合店の実力や商圏内の特性を知らずに店舗を運営することは、効率的な繁盛店づくりにはつながりません。

戦略的な調査を行うことで、自店と競合店との差を認識し、店舗のコンセプトと戦略が合っているのかを見極めることができます。

立地や売場面積のハンディやストアロイヤリティーを認識することで、どの店舗に対して差別化を計るべきなのか、どういうコンセプトで差別化を進めるべきなのかの判断軸を持ちます。また、商圏内の特性を知ることで、他店の気づいていない部分での差別化を行うことができます。

実際の商品調査を行い、戦術的な対策を打つ前に戦略的調査を行うことで、店舗のコンセプトを立案、変更していくことが求められます。

●商圏コンセプトシートの活用

商圏（環境）調査は年に1回は実施します。調査内容を基に自店の商圏についてコンセプトシートにまとめます。このコンセプトシートは事業計画書のような形式ばったものではありませんが、基本的な条件、商圏範囲やチラシ枚数、ターゲット層など確認のために用います。

毎年、大きな意味での自店のポジションや方向性がわかるシートを作成するといいでしょう。よくある外部環境の変化とは、他店舗の出店と退店や、新しい道路ができるなど地理的な変化で商圏が大きく変わることです。大きな環境変化があったにもかかわらず、チラシのまき方や店舗の商品構成を変えようとしない店舗が多くあります。最近ではお客様の年齢層の変化が大きく影響します。少子化も高齢化も進んでいるはずです。一部の都心をのぞき、郊外店ではこうした変化にどう対応するのかが問われています。自店の業界や商圏内の環境分析を行い、自店の進むべき方向性を常に考え直すことが長く商売をするコツです。

常に商圏の環境分析をすることが重要

●商圏コンセプトシート

項目	内容	備考
自店の最大商圏	半径5キロ圏	
東の主要道路	国道○号線、○○交差点付近	
西の主要道路	国道○号線、○○交差点付近	
南の主要道路	国道○号線、○○付近	
北の主要道路	国道○号線、○○川で分断	
チラシ配布枚数	10万枚（1回あたり）	
商圏人口	16万人	
主要顧客層人口（30代～40代）	6万人	
市場規模（MS4000円）	6億4,000万円	
競合店数	5店	
1番店	○○店	推定売上○億円
スーパー1番店	○○地区○○店	推定売上○億円
主要商業施設	○○地区○○店	推定売上○億円
小学校	4校	月別行事の調査
中学校	3校	
高校	2校	
大学	1校	
病院	2院	
高級住宅地	○○地区	世帯数○○
道路の特性	東西に幹線道路国道	トラックが多く分断される
河川など	北に○○川	分断要因になる

ポイント

商売の前提となる自店の商圏の特徴や変化を知ることで、対策も変わる。

商品力調査

5章

競合店調査の主役は

5-1 競合店の商品力を調べる

●商品力とは

店舗の商品力とは「品揃え」と「価格」です。「品揃え」とは量（商品の量、ボリューム）、数（アイテム数）、幅（価格幅）、質になります。「価格」は安さ感や価格構成の品揃えがあります。競合店の商品力を調べる際にはこの2つを多面的に調べていきます。

商品力調査にはいろいろな手法がありますが、大きく分けて①商品数調査、②価格調査、③アイテム調査の3つがあります。

商品力調査は競合店の商品にスポットを当てたものですが、①の商品数調査は、ある単品の数量＝ボリュームに焦点を当てています。店頭での商品の量はボリューム感につながり、店頭でのにぎわいを演出します。中でも主力商品の調査を通して競合店の商品政策を推測することができます。②の価格調査は、最もポピュラーな調査です。商品ごとの価格を比較し、自店の価格政策に反映させます。③のアイテム調査は、品揃えにつながるもので、商品の幅を決定するのに使います。

このように商品力調査では量・数・幅・質の分析を行うためのデータを集めます。

●調査原票をつくる

商品力調査をはじめる前に、商品力調査原票を作成しましょう。商品力調査原票は調査する商品や手法によっても異なりますが、①商品名、②価格、③数量の3つを記入できるようにします。

左の表はゴルフショップの競合店の商品力調査を行った際の調査原票です。この調査の際は地域のゴルフクラブの品揃えと価格が知りたかったので、競合店6店の①商品名、②価格、③数量を全部調べました。特に、ゴルフクラブの価格帯別の数量分布を知ることによって、自店のゴルフクラブの品揃えを決定しました。自店は地域で1番のプロショップを目指しており、ゴルフクラブでは高額でマニア向けの価格帯やブランド商品の品揃えで地域1番店を目指しています。調査後、6万円以上の商品数の構成を変えて、よりマニアの集まる店にリニューアルし、競合の激しい地域で高い評価を受けています。

商品力を調べる

大分類	中分類	小分類			
		メーカー	商品名	価格	数量
ゴルフクラブ・ギア	アイアンセット	タイトリスト	AP2	99,225	1
ゴルフクラブ・ギア	アイアンセット	ヤマハ	インプレスX 460D	75,600	1
ゴルフクラブ・ギア	アイアンセット	ヤマハ	インプレスX 460D	85,050	1
ゴルフクラブ・ギア	アイアンセット	ヤマハ	インプレスX 460D	99,225	1
ゴルフクラブ・ギア	アイアンセット	ナイキ	スリングショット4D	49,800	1
ゴルフクラブ・ギア	アイアンセット	ナイキ	サスクワッチSUMO スクエア ハ	79,432	1
ゴルフクラブ・ギア	アイアンセット	ナイキ	CCi フォージド アイアン	53,550	1
ゴルフクラブ・ギア	アイアンセット	ブリヂストン	BEAM アイアン¥	58,800	1
ゴルフクラブ・ギア	アイアンセット	ブリヂストン	X-BLADE GRブラック	107,730	2
ゴルフクラブ・ギア	アイアンセット	テーラーメイド	07 r7 XR アイアン	69,800	2
ゴルフクラブ・ギア	アイアンセット	マグレガー	NV-NXL	67,200	1
ゴルフクラブ・ギア	アイアンセット	テーラーメイド	TOUR バーナー	74,970	1
ゴルフクラブ・ギア	アイアンセット	テーラーメイド	TOUR バーナー	85,680	1
ゴルフクラブ・ギア	アイアンセット	マグレガー	マックテックNV-NXR	90,720	1
ゴルフクラブ・ギア	アイアンセット	ミズノ	JPX E500	120,960	1
ゴルフクラブ・ギア	アイアンセット	キャロウェイ	FT i-brid	170,100	1
ゴルフクラブ・ギア	アイアンセット	ブリヂストン	ツアーステージ V-iQ	79,380	1
ゴルフクラブ・ギア	アイアンセット	コブラ	UFi	107,100	1
ゴルフクラブ・ギア	アイアンセット	コブラ	UFi	85,680	1
ゴルフクラブ・ギア	アイアンセット	キャロウェイ	X プロトタイプ	189,000	1
ゴルフクラブ・ギア	アイアンセット	ナイキ	サスクワッチSUMO スクエア ハ	124,950	1
ゴルフクラブ・ギア	アイアンセット	テーラーメイド	XR	107,100	1
ゴルフクラブ・ギア	アイアンセット	テーラーメイド	XR	117,810	1
ゴルフクラブ・ギア	アイアンセット	ヨネックス	サイバースターフォージドCB	142,800	1
ゴルフクラブ・ギア	アイアンセット	マグレガー	マックテックNV-NXR	100,800	1
ゴルフクラブ・ギア	アイアンセット	ブリヂストン	ツアーステージ V-iQ	79,380	1
ゴルフクラブ・ギア	アイアンセット	ウイルソン	TAB Tc-1	59,800	1
ゴルフクラブ・ギア	アイアンセット	ダンロップ	The XXIO	102,060	1
ゴルフクラブ・ギア	アイアンセット	ダンロップ	The XXIO	124,740	1
ゴルフクラブ・ギア	アイアンセット	ミズノ	JPX-A25	120,960	1
ゴルフクラブ・ギア	アイアンセット	キャロウェイ	ビックバーサ	75,600	1
ゴルフクラブ・ギア	アイアンセット	ヤマハ	インプレスX	99,225	1
ゴルフクラブ・ギア	アイアンセット	カタナゴルフ	SNIPER	187,425	1
ゴルフクラブ・ギア	アイアンセット	ヨネックス	ニューナノブイ	123,165	1
ゴルフクラブ・ギア	アイアンセット	ダンロップ	The XXIO	103,950	1
ゴルフクラブ・ギア	アイアンセット	キャロウェイ	FT	119,070	1
ゴルフクラブ・ギア	アイアンセット	マグレガー	マックテックNVG2	50,400	1
ゴルフクラブ・ギア	アイアンセット	ヤマハ	インプレスX Dブラック	119,070	1
ゴルフクラブ・ギア	アイアンセット	ヤマハ	インプレスX Dスチール	102,060	1
ゴルフクラブ・ギア	アイアンセット	ヤマハ	インプレスX Vフォージド	136,080	1
ゴルフクラブ・ギア	アイアンセット	ヤマハ	インプレスX Vフォージド	102,060	1
ゴルフクラブ・ギア	アイアンセット	ブリヂストン	08 ツアーステージ NEW V-iQ	102,060	1
ゴルフクラブ・ギア	アイアンセット	ブリヂストン	08 ツアーステージ NEW V-iQ	124,740	1
ゴルフクラブ・ギア	アイアンセット	テーラーメイド	バーナーXD	85,680	1
ゴルフクラブ・ギア	アイアンセット	テーラーメイド	バーナーXD	96,390	1
ゴルフクラブ・ギア	アイアンセット	テーラーメイド	TP フォージド	96,390	1
ゴルフクラブ・ギア	アイアンセット	ダンロップ	The XXIO	102,060	2
ゴルフクラブ・ギア	アイアンセット	ダンロップ	The XXIO	124,740	2
ゴルフクラブ・ギア	アイアンセット	ミズノ	MP-57	112,455	2
ゴルフクラブ・ギア	アイアンセット	ミズノ	MP-57	105,840	1
ゴルフクラブ・ギア	アイアンセット	ブリヂストン	ツアーステージ NEW X-BLADE	102,060	3
ゴルフクラブ・ギア	アイアンセット	ダンロップ	NEW ゼクシオ アイアン	83,160	1
ゴルフクラブ・ギア	アイアンセット	ピン	G10	101,745	1
ゴルフクラブ・ギア	アイアンセット	ピン	G10	80,325	1
ゴルフクラブ・ギア	アイアンセット	ダンロップ	スリクソンI-701	136,080	1
ゴルフクラブ・ギア	アイアンセット	ピン	i10	101,745	1
ゴルフクラブ・ギア	アイアンセット	ピン	i10	80,325	1
ゴルフクラブ・ギア	アイアンセット	フォーティーン	TC-1000フォージド	119,070	1
ゴルフクラブ・ギア	アイアンセット	フォーティーン	TC-550フォージド	102,060	1
ゴルフクラブ・ギア	アイアンセット	マグレガー	マックテックNVG2	68,040	1
ゴルフクラブ・ギア	アイアンセット	マグレガー	マックテックNVG2	75,600	1
ゴルフクラブ・ギア	アイアンセット	ダンロップ	スリクソン ZR-700	102,060	2

ポイント

商品調査原票はできるだけ詳細に調べる。
商品名、在庫量、価格を調べる。

5-2 主力商品の在庫量とアイテム密度

●在庫量の大切さ

商品数（在庫数）調査はある単品の商品量（＝在庫）について調査します。最近の小売店では売場演出が非常に複雑になってきており、単品の在庫を調べるにもいろいろな売場や棚を見て把握しなくてはなりません。特に主力商品を調べるのには商品をしぼって調べていきます。スポーツ用品やメディア業界などメーカー支配力の強い業界は、この主力商品の在庫量＝店舗の集客力に比例しますので、競合店の主力商品の在庫量を調べておくことは重要です。

　調査のやり方は単純です。決めた主力商品の在庫量を数えていけばいいのです。この主力商品の在庫量調査を発売日から10日後、20日後、30日後と一定期間の間隔で調べていくと、再発注の期間やメーカーのレスポンス力などが判断できます。また、主力商品への力の入れ方や店長やバイヤーの力量を測るのにも有効な方法です。

●競合店の発注頻度を知る

酒のディスカウント店の主力商品はビールです。ビールのケース売りがディスカウント店の量（ボリューム）を決めます。また、主力の商品の仕入頻度がボリューム感を維持するのに必要です。

　日曜日と月曜日の酒のディスカウント店の在庫数を調べました。A店は売場面積１００坪の中堅ディスカウント店です。B店は売場面積70坪の老舗ディスカウント店です。日曜日の夕方に調査したので商品が売れており、店頭の在庫数も少なくなっていました。翌日、同じように夕方の在庫数を調べてみたのですが、A店とB店の在庫数に差が出ています。A店はすぐに商品補充ができているのに対して、B店の在庫数は増えていないことがわかりました。

　主力商品の在庫量を定期的に調べてみると、競合店の発注頻度や主力商品の標準在庫数などを知ることができます。主力商品の量は店舗のボリューム感につながりますので、競合店よりも量を１・３倍～１・７倍持つことです。在庫量は日によって異なるので曜日を変えて頻繁に調べてみます。

主力商品の在庫数調査

●酒のディスカウント店ビールの店頭ケース調査の例

日曜日の在庫数

	A店（100坪）	B店（70坪）
サントリー モルツ350	80ケース	60ケース
サントリー モルツ500	40ケース	30ケース
サントリー 金麦350	60ケース	40ケース
サントリー ダイエット350	50ケース	20ケース
サントリー ザ・プレミアムモルツ350	50ケース	20ケース
キリン 麒麟淡麗350	60ケース	60ケース
キリン 淡麗グルーンラベル350	40ケース	60ケース
キリン 淡麗グルーンラベル500	40ケース	30ケース
キリン 麒麟ZERO350	30ケース	20ケース
キリン のどごし350	30ケース	30ケース
合計	480ケース	370ケース

月曜日の在庫量（A店はすぐに商品補充していることがわかった）

	A店（100坪）	B店（70坪）
サントリー モルツ350	120ケース	50ケース
サントリー モルツ500	80ケース	24ケース
サントリー 金麦350	80ケース	36ケース
サントリー ダイエット350	80ケース	20ケース
サントリー ザ・プレミアムモルツ350	80ケース	20ケース
キリン 麒麟淡麗350	100ケース	40ケース
キリン 淡麗グルーンラベル350	100ケース	50ケース
キリン 淡麗グルーンラベル500	80ケース	24ケース
キリン 麒麟ZERO350	60ケース	18ケース
キリン のどごし350	80ケース	30ケース
合計	860ケース	312ケース

5-3 主力単品の重点調査

●重点調査とは

自店の売上構成で1番の商品を「主力単品」といいます。この商品の売れ行きと業績は連動していますので、主力単品の競合店の取り組みは常に意識しておく必要があります。特に自店の主力商品の売れ行きに悩んだ時や、自店の主力商品の構成に悩んだ時に重点調査を行うとよいでしょう。

重点調査とは、主力単品の中身を細かく調べることです。たとえば、衣料品は購買決定の段階でサイズやカラーといった要素が重要になります。主力商品の在庫内容を調べる際に、こうした購買決定要素の一部にしぼって商品量や構成を調べます。

たとえば、衣料品の夏場の重点商品はTシャツです。Tシャツについて競合店はどんな色を何枚揃えているか、サイズ構成はどのサイズに重点を置いているかなど具体的に調べていきます。重点商品の具体的な調査は競合店の状況を知るのと同時に、繁盛店やモデル店も同様に調査することで、売れる品揃えに近づけることができます。

●モデル店の品揃えを真似て売上回復

買取型の古着店では商品を一般のお客様から仕入れます。当然、商品構成は何もしないと入荷（買い取った）商品中心になり、人気商品が売れていくと、売れない死に筋商品ばかりの店頭になってしまいます。ある古着店でTシャツの売れ行きが突然落ち込んだのもこうした状況でした。古着店の店長とTシャツの購買決定要因を話し合っている中で、色や柄で選ぶ人が多いというのがわかってきました。自店の色、柄調査をした結果、現状の在庫は圧倒的に黒、白、グレーが多いのがわかりました。この色構成を修正するために、大手のカジュアル衣料品店のTシャツの色別在庫量を調べて、自店の在庫構成もモデル店に合わせたところ、売上が回復しました。

モデル店の在庫構成は売れ筋を上手に構成していることが多いものです。在庫調査ではアイテムごとのサイズ構成や色の分布などの全体商品に占める割合を調べて、自店の商品構成に落とし込むと効果が出ます。

モデル店調査で売上アップ

●Tシャツの品揃えの構成比（古着店のモデル店調査）

Tシャツの色	モデル店	自店（修正前）	自店（修正後）
白	25%	30%	25%
黒	15%	30%	15%
グレー	10%	20%	15%
青	10%	5%	10%
赤	5%	10%	5%
緑	15%	5%	10%
黄色	10%	—	5%
その他	10%	—	15%
合計	100%	100%	100%

●重点調査

自店の品揃えや、構成比に悩んだら……

↓

モデル店の品揃えや、構成比を調べてみる

↓

モデル店の品揃えや構成比に近づけて陳列し、結果をみる

ポイント

モデル店は売れ筋商品を揃えている。
商品構成に悩んだ場合は、いろいろな店の商品力調査をしてみよう。

5-4 価格調査のいろいろ

●価格にも品揃えがある

商品力調査で最もポピュラーなのが価格調査です。価格調査は単に競合店よりも安く売ることを目的にしたものではありません。価格の安さだけを競うと「安売り合戦」になってしまいます。

価格にも品揃えがあります。店舗によっては同じアイテムの商品でも価格の違う商品の品揃えがあります。ある家電店を例にあげると、電気カミソリの品揃えでは３８００円のものから４万９８００円のものまで、価格の幅があります。価格調査の目的は競合店の価格ＭＤ（品揃え）を知ることによって、競合店の商品政策を知り、自店の戦略的な価格ＭＤを構築することにあります。

商品価格の安さは大きな強みになります。しかし、むやみやたらに価格を下げていたのでは商売にはなりません。商品は単に安いから売れるのではなく、お客様が欲しいものが、お客様の予算ラインよりも安いから売れるのです。そのためにも「お客様の予算」を知ることが大切なのです。

●価格戦略を決める

カジュアル店のＴシャツの価格帯で２９００円の次に３９００円や５９００円という価格帯を揃えていれば、１９００円、９８０円を重点に揃える店と比べて高額路線を歩んでいることが考えられます。

また、１０００円以下のＴシャツを重点的に揃えていれば「値ごろ感を出して、安さを強調しているのだ」と推測できます。競合店の価格の特徴と政策が判断できれば、価格で対応すべき商品と価格で対応すべきでない商品が判断できます。むやみやたらに価格対応すれば「安売り合戦」になり、体力勝負の消耗戦になってしまいます。

価格で対応する商品は①購買頻度の高い＝集客商品、②市場シェアの高いメジャーな商品の２つです。価格で対応しない商品は①購買頻度の低い商品、②緊急度の高い商品、③比較されにくい商品です。価格競争に陥らないためには「価格対応すべき商品」で地域最下限を目指し、「価格対応しない商品」を増やしていくことです。

価格対応する商品としない商品を決める

価格対応する商品	①　**購買頻度の高い商品** 集客商品、週１回以上買う商品 ②　**日用品×市場シェアの高い商品** 歯ブラシや洗剤など日用品は、価格が購買決定の大きな要因 ③　**誰でも知っている商品（比較されやすい）** ニンテンドーＤＳなど誰でも知っている商品の価格は比較されやすい ④　**集客商品は地域最下限の価格を持つ** スーパーの卵や薬局のトイレットペーパーなど集客商品は地域の中でも１番安い価格が支持される
価格対応しない商品	①　**購買頻度の低い×高単価な商品** 一生のうち一度程度の購買品で高単価など、購買回数の少ない商品は価格競争しない ②　**突然必要な商品** 葬儀用品など突発的、緊急的に必要な商品は価格競争しない ③　**比較されにくい商品** あまり知名度が高くなく、ほかに扱いがないなど購買比較されにくい商品

ポイント

価格調査では、価格対応する商品としない商品を分けて考える。
むやみに価格競争しないことを前提に調査する。
購買頻度の高い商品、価格比較されやすい商品は地域最下限の価格設定を考える。

5-5 価格の品揃えの考え方

●自店をまず知る

価格での差別化をする場合、自店調査を綿密にする必要があります。また、自店が地域で1番、2番の強い店舗なのか、３番、４番以下の弱い店舗なのかでも価格戦略が変わってきます。自店のポジションや強みを知った上で、競合店の価格の品揃え部分はどうなのかを知らなければなりません。

たとえば、カジュアル衣料店の場合、デニムジーンズで６８００円の価格帯の品揃えが強いとします。競合店に行って同じものを比べ、自店のほうが価格・質ともに強ければ、そのまま力を入れ続け、長所として伸ばすことができます。逆に、競合店のほうがはるかに強い場合、資金力が十分にあれば、競合店を包み込む形で、価格対応して、圧倒的に数とデザインを多くすれば勝てるのです。

資金力が十分にない場合は、競合店の弱い価格帯を見つけるか、もしくは同じ価格帯でもテイストの違うデニムジーンズを強化するなどで違いを出します。

●価格設定のルールをつくる

また、あまり価格をたくさん設定するのも商品を買う側に立つと買いにくいものです。

たとえば1万２８００円と1万３２００円の商品で、それほど品質の差がなければ、思い切ってどちらかの価格に統一してしまうほうが、店にとっても都合がいいのです。その差が、あまり小さすぎても、品質の差まで店員も説明しにくく、お客様も理解しがたいので、不要な価格は削除したほうがいいことがわかります。これが価格設定のルールです。また、逆に価格の差が開きすぎても予算感覚から見て、より高額の商品への興味がなくなってしまいますので、間に価格設定が新しく必要になってきます。価格の差は、最低1・3倍～3倍までに設定するとわかりやすくなります。

店舗の価格のルールをつくる際には「価格ベンダー表」をつくり、価格帯をしぼり込んでいくとわかりやすくなります。お客様の予算に合わせてどれくらいの価格を揃えるのか、政策的に決定していきます。

価格の品揃えを調べる

●カジュアル衣料店価格調査　デニムジーンズ（メンズ）の例

価格帯	自店アイテム数	競合店アイテム数
68,000	2	
58,000	2	
38,000	3	
28,000	10	1
19,800	4	6
12,800	8	10
9,800	10	15
8,800	8	12
7,800	8	8
6,800	6	15
5,800		8
4,800		4
3,800		2
2,800		1

●グラフで確認してみると価格分布が明確になる

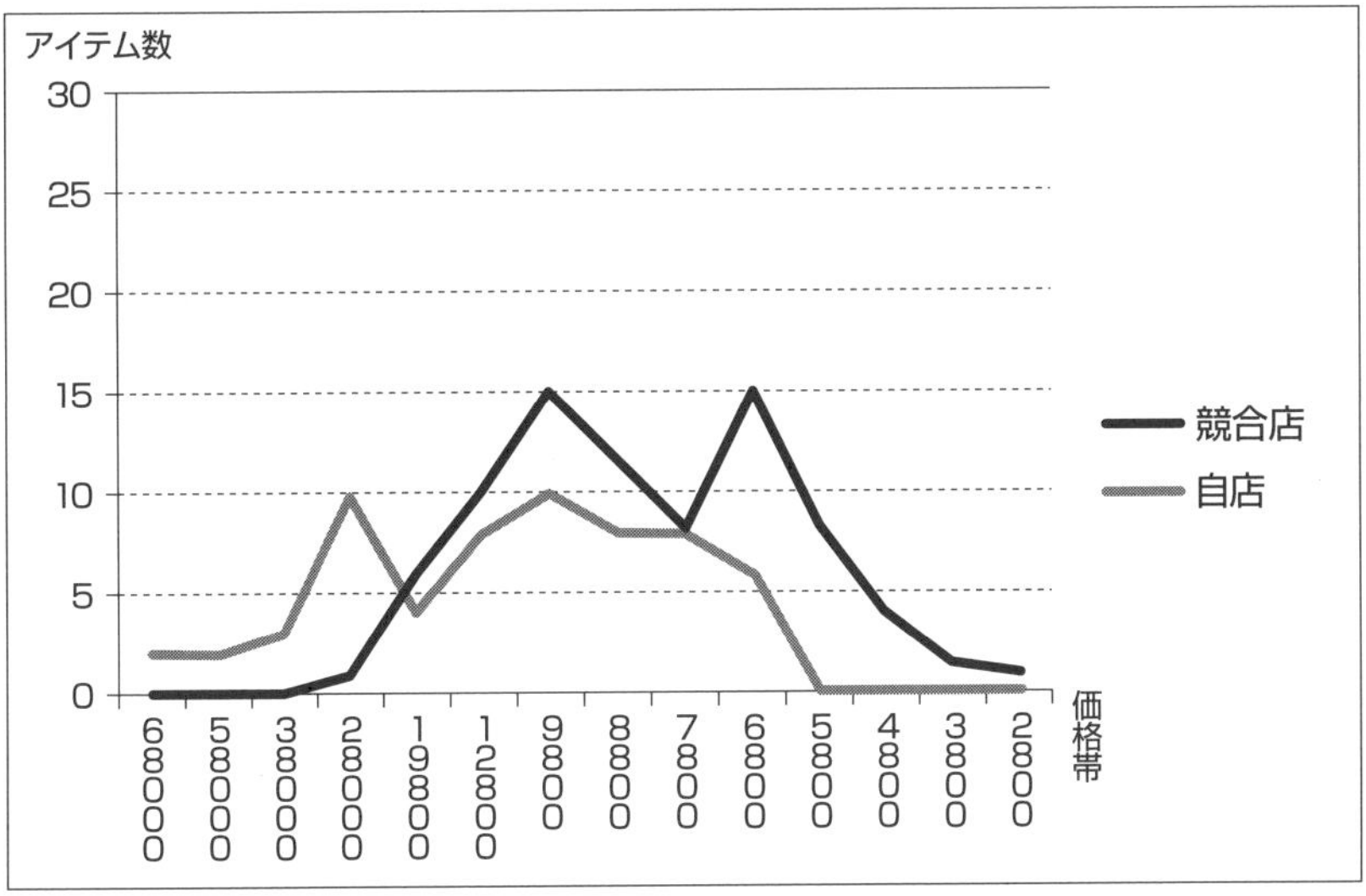

5-6 予算帯別品揃えをつくる

●価格単価を想定する

お客様が商品を買おうとする時、ある程度の購買経験があると、だいたいの予算を頭の中に思い浮かべているものです。

単位はいろいろありますが、それらの基本の数字は「1、2、3、5」の4パターンになります。これは人間の片手の指の数が5本であることに由来しています。単位を万円とすると、それぞれ1万円、2万円、3万円、5万円になります。では、実際に1万円予算とはいくらからいくらなのでしょうか。

予算と実際の購入金額の範囲は予算よりも20％安いところから50～60％高いものを買う傾向があります。つまり、1万円予算の場合は8000円～1万6000円になります。同じく、各予算の幅は次の通りです。

1万円の予算 → 8千円～1万6千円
2万円の予算 → 1万8千円～2万7千円
3万円の予算 → 2万7千円～4万円
5万円の予算 → 4万円～8万円
10万円の予算 → 8万円～16万円

●予算帯別の品揃えを調べる

お客様は単に価格が安いだけでは商品を買ってくれません。お客様が買物に行く際に考える「予算」よりも、店舗に置いてある商品が安い場合に購買することがほとんどです。その意味でもお客様の予算を知ることは重要です。

競合店の価格の品揃えも予算の考え方を持って調査します。競合店がどの予算帯に力をいれているのかを知っておくことが、自店の価格構成を考えるうえで重要だからです。

予算帯の考え方を知って競合店の価格を調べることで、競合店のターゲット層を知ることができます。たとえば、カジュアルウェアショップでTシャツ1000円予算の学生客を狙っているのか、3000円予算のOL客が狙いなのかを判断できます。価格構成については「単品力マップ」に落とし込むと、自店と競合店の価格の考え方が比較できます。

単品力マップをつくろう

店舗名			ドライバー	アイアンセット	ボール
客の予算	目安の価格	プライスゾーン（価格帯）			
30万	398,000 338,000 298,000	27万			
20万	268,000 238,000 198,000	18万			
10万	158,000 138,000	12万			
	118,000 98,000	80,000		↑	
5万	78,000 68,000	60,000	↑		
	58,000 48,000	40,000		○	
3万	39,800 29,800	27,000	○	○	
2万	24,800 19,800	18,000	○		
1万	15,800 13,800	12,000			
	11,800 9,800	8,000		↓	
5,000	7,800 6,800	6,000	↓		
	5,800 4,800	4,000			↑
3,000	3,800 3,380 2,980	2,700			
2,000	2,480 1,980	1,800			○
1,000	1,680 1,480 1,380	1,200			○
	1,180 980	800			
500	780 680	600			
	580 480	400			↓
300	380 340 270	270			
200	250 180	180			
100	160 130	170～120			
	100 80	80			

（ゴルフショップの例）

ポイント　単品力マップの活用：中心価格に○をつけ、これを中心に上下3ゾーンをとって自店の価格（予算）の品揃えを決める。

5-7 価格帯別の品揃えが1番化の決め手

●価格と価値を考える

商品ライフサイクルで転換点を越えて、展開期に向かう商品は価格帯別の品揃えが1番化の決め手になります。お客様は商品の購買経験を積んでいくと、自分の予算よりも付加的機能を重視していきます。ですから店頭で、買いたい予算の商品でワンランク上の機能や付加的要素のあるものが安く売っていると印象付けることが大切です。

商品は価格と価値で考えられます。お客様の考えている価値が価格よりも上回っていれば買ってくれるのです。価格はこの価値（アパレルなら素材やデザイン、ブランド）がつけばつくほど高くなります。価格の品揃えも価値（機能）の品揃えに合わせていきます。つくり手であるメーカーも商品のライフサイクルが進んでくると、様々な機能付加を行い、価格の品揃えを増やしてくるからです。

●6つの価格帯

ここでは、商品の性能や機能の境目で値段をくくり、わかりやすいように6つに価格帯を分けて考えます。

上限ゾーン：長く使いたい人向け、ぜいたく、保守的なデザイン

ベターゾーン：新製品としてメーカーが売りたい価格、トレンディ品

ボリュームゾーン：かつてベターゾーンにあり、すでに普及し、客がイメージしてすぐに思い浮かぶ商品

売り筋ゾーン：最もよく売れる平均価格、中心価格、予算に合った商品

バジェットゾーン：キャラクター製品、流行性の強い商品

下限ゾーン：間に合わせ商品、デザイン保守、販促商品

価格調査する際にも、この価格帯を意識した調査を行うことが重要です。競合店はどのゾーンの商品を強化しているのかや、各ゾーンの価格構成など、自店と比較してどのゾーンの価格帯を強めていくかで、自店の商品戦略が変化していきます。競合店の価格調査は6つのゾーンのうち、どの価格帯を強めているのかを明らかにします。

価格帯を調べる

	価格帯	在庫の持ち方	粗利益率	業態別取り扱い		
				百貨店 専門店	量販店	ホームセンター、ディスカウンター
上	上限ゾーン	×～△ 品揃え型	△～◎ 商品による	◎	×	×～△
	ベターゾーン	△ 品揃え型	△～◎	○	△	×～△
中	ボリュームゾーン	○ 適正在庫型	△～○ 仕入力 競合が激しい	△	◎	○
	売り筋ゾーン	△～○	○～◎ 商品開発力	×	△	△～○
下	バジェットゾーン	△ 品揃え型	△～○	×	○	△～○
	下限ゾーン	◎ 量販型	×～○ 商品開発力 仕入力	×	×	◎

$$\text{商品} = \frac{\text{価値}}{\text{価格}}$$

価値が価格を上回ると売れる

ポイント

価格帯の構成で、競合店がどのゾーンに力を入れているかを知る。お客様の予算帯に合う商品を揃える。

5-8 予算帯別品揃えの1番化

●7つの予算帯

商品ライフサイクル上、安定期に入ると、消費者も予算の概念が出てくるので、店舗は商品の機能別マーチャンダイジングから、予算帯別のマーチャンダイジングを組んだほうがお客様に買われやすくなります。予算帯は前項でも述べた通り、1、2、3、5の繰り返しです。店舗ではよく売れている予算帯の商品力を競合店よりも強化していくことになります。

予算帯は1店舗で6～7段階までが限度とされています。7つの予算帯ができたら中心価格を頂点としてきれいな山形の価格の品揃えができるようにアイテム構成比をつくります。この構成比のつくり方が1番店と2番店、3番店で異なります。それは1番店はストアロイヤリティーがあるので、2番店より価格が高くても売れますが、2番店がその下のゾーンに力を入れないで、1番店と同じ価格構成にしたら1番店に客を取られてしまいます。

●価格ラインの調整をする

高い商品が売れるのは（集客の差もあるのですが）、1番店のほうが2番店より固定客が多いためです。固定客は新規客よりも一般的に高いものを買う傾向にあります。このことから1番店や2番店は、3番店よりも単価の高いものが売れるのです。価格構成も売れる価格帯を中心に構成すると、2番店、3番店よりも高額品の構成比が高くなります。

強者は価格や品揃えで2番以下を包み込む戦略ですべての商品を揃え、価格対応力も十分です。3番以下の店舗は強者を刺激しないように、強者のあまり意識していない商品で価格や品揃えを強化します。小売業が持てる予算帯は多くて6～7段階です。

価格別のアイテム数を決定するには、①競合店の予算帯別のアイテム数を調べて、②自店の主力予算帯を決める、③主力予算帯に○をつける、④単品力マップのフレームで上に3つ、下に3つの合計7ゾーンを決定する、⑤1番店の場合は主力予算帯が最低競合店の1・3倍～1・7倍になるようにする、この5つの段階を踏むことが必要です。

予算帯別一番化の理論アイテム比（7段階）

●予算別理論アイテム比

	理論アイテム比	1番店の場合	2番店の場合
1	5%	3%	2%
2	10%	15%	5%
3	20%	25%	15%
4	30%	35%	35%
5	20%	15%	25%
6	10%	5%	15%
7	5%	2%	3%

●予算別アイテム数決定の順序

①競合店の予算帯別のアイテム数を調べる
②自店の主力予算帯を決める
③主力予算帯に○をつける
④単品力マップのフレームで、上に3つ、下に3つの合計7ゾーンを決定する
⑤主力予算帯が競合店の1.3倍～1.7倍になるようにする

ポイント

競合店の主力予算帯のアイテム数が30アイテムの場合、自店はその1.3倍で40アイテムを持つ。これが35%となるので、40アイテム÷35%=約114アイテムがトータルのアイテム数になる。それを理論アイテム比に落とし込み品揃えしていく。

5-9 競合店の品揃えを知る

●アイテム調査をする

アイテム調査は競合店の品揃えを知るための調査です。品揃えも商品力を決定する大きな要素です。調査したいカテゴリーについて、競合店はどれくらいのアイテムを揃えているのかを調べます。アイテム調査をする際に調べる項目は①商品名、②メーカー名、③価格です。この3つの項目を調べたいアイテムごとに見ていきます。

在庫数はアイテム調査では調べる必要はありません。自店の品揃えで強化したいアイテムで、自店にはなく競合店に置いてある商品について、調査した後に納入業者やメーカーを調べて仕入に役立てます。このやり方で確実に競合店を上回る品揃えを実現していきます。

特に地域で1番を目指す部門やカテゴリーでは競合店のアイテム調査を頻繁に行います。

●品揃えで日本一ならば商圏は全国になる

日本で1番品揃えの多いビデオ店舗が秋葉原にあります。全国からマニアが集まる店舗です。この店舗では通常日本には置いていない外国の商品やマニアものまで幅広く品揃えしています。品揃えのヒミツは地道な店舗視察や調査を行い、品揃えを強化していった結果です。品揃えで日本一になれば、商圏は日本全国になります。品揃えは価格や在庫量以上に1番化やブランド化の最大の強みになります。

ただ品揃えを多くするということは、効率の悪い商品も在庫するということになります。よって地域で1番の店舗に品揃えで対抗する場合には、それ相応の覚悟が必要です。1番店は品揃えで競合店を包み込む形ですべてを揃えればいいのですが、2番店以下の弱者は強者の気づかないカテゴリーを見つけて、品揃えの強化を行います。自店の力相応の品揃えを目指すのがいいでしょう。

地域での品揃えのよさを訴求するには、ライバル店と比べて1・3倍～1・7倍のアイテムを持つことです。遠くからの集客を見込みたい時は、市場規模の大きな商品に関して、品揃えを厚くすることで知名度を上げることができます。

アイテム調査で見るポイント

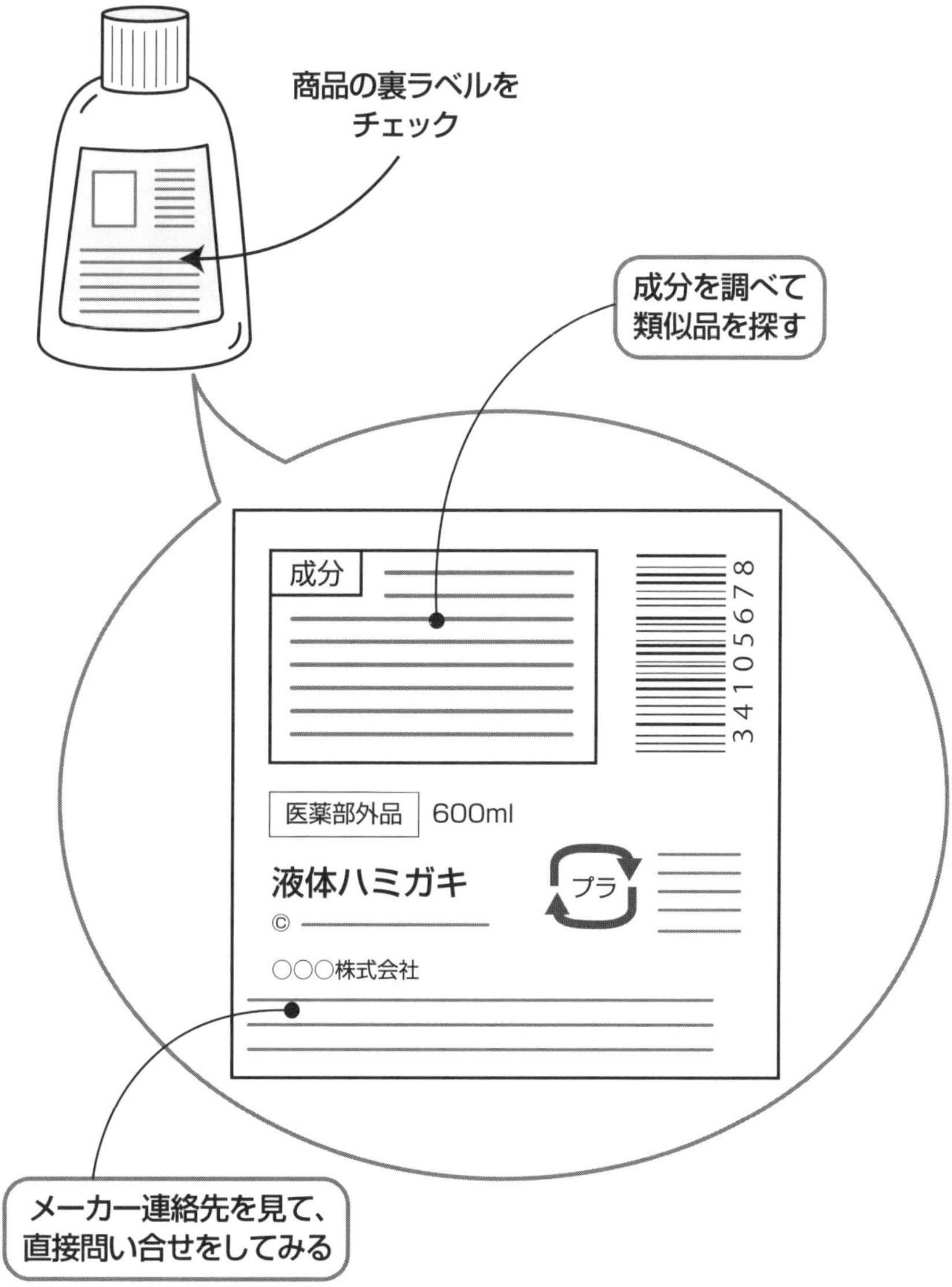
商品の裏ラベルを
チェック
成分を調べて
類似品を探す
成分
34105678
医薬部外品
600ml
液体ハミガキ
プラ
©
○○○株式会社
メーカー連絡先を見て、
直接問い合せをしてみる

ポイント　自店にはなく、競合店にはある商品を見つけだす。品揃えで1番を目指すと商圏が広がる。

5-10 商品力調査・アイテム調査のやり方

●アイテムパワー

アイテム調査を行い、自店に落とし込む時に参考にするのがアイテムパワーの考え方です。

アイテムパワーとは客の目で見た時、ひと目では判断しきれないほどたくさんあると感じる数（種類）についてのルールです。アイテムパワーの数字は7、70、７００を分岐点にしています。逆にひと目で判断できる数は3、30、３００があります。お客様の購買頻度など商品の特性によって、この数字（ケタ）を使い分けしていきます。

購買頻度が低く高価な商品は一桁と少なく、購買頻度が高く単価の比較的低いものはケタ数が多くなりますが、3と7を基本の数にしていくのには変わりません。私が勤める船井総研でもこのアイテムパワーの考え方はチームづくりに応用されています。1人の上司が見れる部下の数は、新任リーダーだと3人、優秀なリーダーは7人になりますが、7人を越えるとさすがに部下全員の管理ができなくなったりします。

●品揃えが多く見える店かどうか知る

小売店でもこのアイテムパワーを利用して、商品のボリュームの演出に役立てられます。

たとえば、酒販店でフルラインで平均的に品揃えする場合は、７００アイテムあると、来店した客は店内の品物が多いと感じます。その中でも、ワインを強調したい場合は、ワインを３００アイテムくらい揃えると、ほとんどのワインが揃っているような店と思われます。アイテム調査する際には競合店のアイテムパワーをチェックします。店舗の総アイテム数が7、70、７００以上あるか、その中で3、30、３００以上揃えている商品が主力アイテムです。

どの商品を強く打ち出しているか、そもそもお客さんがぱっと見て品揃えの多い店と感じる店かどうか、アイテムパワーを知ることで判断できます。陳列するアイテム数を決める際には左の「パワーアイテム表」を参考にしてみてください。

パワーアイテム表

（アイテム数）

	1の位	10の位	100の位	1000の位
Aゾーン	3 4	30 40	300 400	3,000 4,000
Bゾーン	5	50	500	5,000
Cゾーン	7	70	700	7,000
Dゾーン	9 12	90 120	900 1,200	9,000 12,000
Eゾーン	18 24	180 240	1,800 2,400	18,000 24,000

（船井コンサルティングマニュアルより）

ポイント

パワーアイテム表には次の3つのゾーンがあります。

Aゾーン：ひと目で把握できるアイテムゾーン
Bゾーン：ひと目で把握しにくくなるアイテムゾーン
Cゾーン：ほとんどの人がひと目で把握しにくくなるゾーン

１番化を図るにはCゾーンを使うことがポイントになるが、競合店の単品、アイテムがCゾーンのときはDゾーンの品揃えを行う。パワーアイテムを積み上げることでボリューム感のグレードアップを行う。

6章

売場調査の具体例

6-1 売場調査のいろいろ

●売場レイアウトによって売上が変わる

レイアウトとは売場の配置のことです。商品の分類や配置のよい悪いが売上や集客、滞在時間や買い上げ点数を左右します。

よいレイアウトはよく考えられている分類、売場配置になっており、お客様が買物しやすく、わかりやすい売場です。実際、よい売場は歩いているだけで買いたい商品がどこにあるのか想像でき、すぐにその売場に行くことができます。

また、欲しい商品のまわりには、「あったらいいな」と思う関連商品が上手く配置されています。特に売場レベルが高いのは家電量販店ではないでしょうか。家電量販店は大きな分類表示や、歩きやすい通路に誘導されるようにつくられています。

先日、デジタルカメラを買う機会があったのですが、大型家電ショップに行くと、何千坪という広い売場にもかかわらず、誘導表示がしっかりしており、デジカメコーナーに迷わず到着できました。また、デジカメ売場の周辺にはカバーケースや三脚などカメラライフを楽しむ小物や関連商品が上手く配置されていました。私もついついデジカメに加えてデジカメのケースを購入していました。レイアウトの上手な売場はお客様のついで買いを誘発します。

●買いやすく、見やすい売場をつくる

売場を調べると競合店の商品戦略が見えてきます。競合店の商品分類やどの売場にスペースを割いているのか、主力商品の配置の仕方や関連商品の品揃えの考え方などです。

商品力と同じように売場のレイアウトや売場から見えてくるものは多いものです。売場調査には最もポピュラーな①売場面積調査、②レイアウト調査、③棚割り・フェース調査、④売場チェック調査などがあります。売場調査は競合店に負けない売場演出を行う基礎資料になるのはもちろんですが、売場の分類や配置を変えることでお客様にとって見やすく、買いやすい売場づくりを行うのが目的です。

売場調査のいろいろ

	部門	目的
売場面積調査	調査に応じて	各部門の平面的なスペースを知る。売場面積の対策を講じる。
ゾーニング調査	大分類	店全体の売場構成を調査する。売場面積などの計測は必要なく、おおまかな構成を知る。
レイアウト調査	小分類～中分類	店舗の導線や部門の配置など回遊性を知る。各部門の強弱や強く打ち出している部門を調べる。什器サイズや通路幅など細かく計測する。部門ごとの売場面積の対策を講じる。
棚割り・フェース調査	単品～小分類	単品レベルの在庫数や配置を知る。商品の関連性やフェース取りなどを調べて、単品レベルの配置の対策をする。
陳列チェック調査	単品	単品ごとの商品陳列を知ることで打ち出しを知る。 特価品やイチオシ商品など調べて対策する。
売場設備調査	調査に応じて	売場の設備状況を調べる。店舗の清潔感や設備の更新ができているかなど売場の装備面を知る。

ポイント

売場調査をすると、競合店の商品戦略が見えてくる。
競合店調査を参考にして、お客様にとって見やすく、買いやすい売場づくりを目指す。

6-2

ゾーニング・レイアウト調査で取扱品目を知る

●ゾーニング・レイアウトとは

競合店のゾーニング・レイアウトを調査することで、店舗の扱い品目がわかります。

ゾーニングとは店舗の品目ごとの売場配置です。量販店でいえば、食品コーナーや紳士服コーナーなど大分類で判断します。ゾーニングの配置を検証することで売場や商品ごとの強さ・弱さを判断して、売場構成の参考にします。

新店や自店を活性化する時、季節の変わり目などの売場変更期に特に有効です。その際、売場面積の比較やゾーニングの中の什器配置を含めたレイアウトの調査をすることで、商品や売場を決定する際の重要なデータになります。

●ゾーニング・レイアウト調査は売場調査のはじめに

売場調査をはじめるには、競合店のゾーニングや部門構成をまず調べます。

1番簡単なゾーニングの調べ方は、店内にあるレイアウト図や案内のパンフレットを見つけることです。特に大手の小売業は案内図やパンフレットが充実していますので、レイアウトや扱い品目を調べるのは容易です。

対して満足なレイアウト図やパンフレットのない地域の小売店のレイアウトを調べる場合は、天井から下がっている店舗の部門表示や棚の商品などから部門を判断し、手書きの図面に落とし込んでいきます。この場合、売場に置いてある商品だけでは判断に悩む場合がありますのでゾーニングがつくりやすいように自店を参考にします。自店と同じような商品構成のあるところは、自店の部門に合わせてゾーニングを作成していくと比較しやすくなります。

次に通路幅と什器サイズを測り、什器の配置もできるだけ多く記入することで、どれだけの商品数が在庫できるのかを推測します。競合店に勝つにはレイアウトデータを基に自店の部門の売場面積や什器本数などを決めていきます。

競合店の売場調査の基本は「まずゾーニング・レイアウト調査」を行うことです。

売場全体を把握するゾーニング調査

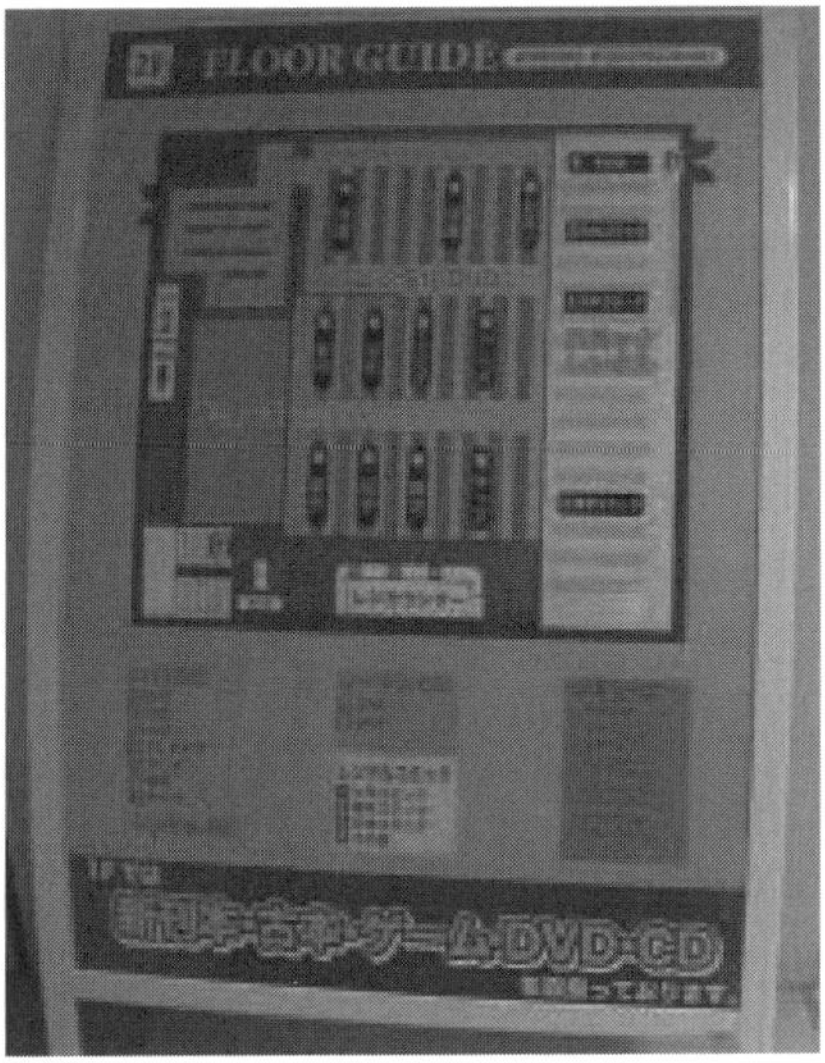

ポイント

店内のレイアウトガイドを見ると、ゾーニングはすぐにわかる。

ホームページや店舗看板からも知ることができる。

1000坪以上の大型店ではまずゾーン（分類・部門）の把握を行い、ゾーンごとのレイアウトを調べる。100坪クラスの小型店はレイアウト=ゾーニングとなる。

6-3 レイアウト記入調査

●定期的なレイアウト調査が重要

競合店のレイアウト調査は季節の変わり目などレイアウトの変更時期に必ず行います。アパレルなどＭＤの進んだ業種では毎週、毎月レイアウトが変更することもしばしばです。そうした業種では必ず競合店のレイアウト変更の時期や手法を調査します。

レイアウト調査も什器配列ごとにどのような商品が陳列されているのかを図に記入しながら確認していきます。レイアウト調査を定期的に行うことで、主通路沿いの什器の陳列商品やエンドに配置された商品などから、今、競合店が注力している商品や季節の動きを判断することができます。

競合店の売場の変更や動きを知ることは、自店の売場変更のタイミングや気づかなかった売れ筋商品の発見にもつながります。商品力調査などに比べて売場全体を見て判断するために調査の時間がかかりません。ただし、細かな点を見落としがちなのでレイアウト図を作成することをおすすめします。

●レイアウト調査で売場の変化をつかむ

図はある家電専門店のレイアウト調査です。08年の北京五輪前と後での打ち出しの違いを見てみます。当初は液晶テレビを前面に打ち出していましたが、8月末には「運動会需要」に向けてデジタルカメラやデジタルビデオ関連の売場構成比を広げています。関連商品として、関連パーツやアクセサリーを集めています。売場演出でも秋の運動会シーズンをイメージさせる装飾を施していました。これに対して自店では「液晶テレビ」コーナーの展開を中心に行っており、競合店に比べて1週間ほど季節商品の対応が遅れました。早々に売場展開を見直して、季節対応した売場へと変化させなければなりません。

また、自店の売場レイアウトを図に落としてみると関連商材がばらばらに配置されており、ついで買いや衝動買いを誘発できていないことがわかりました。早急にひとまとめの売場をつくり、レイアウトを変更しました。競合店の動きを知ることで自店の売り場対応の遅れを取り戻すことができるのです。

レイアウト調査（家電店の例）

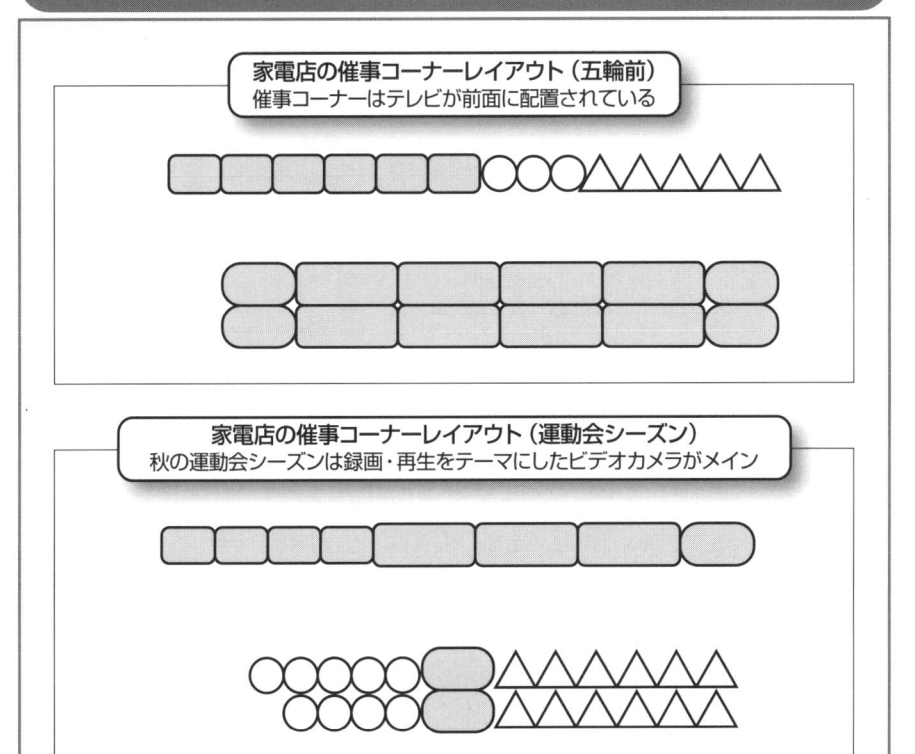

家電店の催事コーナーレイアウト（五輪前）
催事コーナーはテレビが前面に配置されている

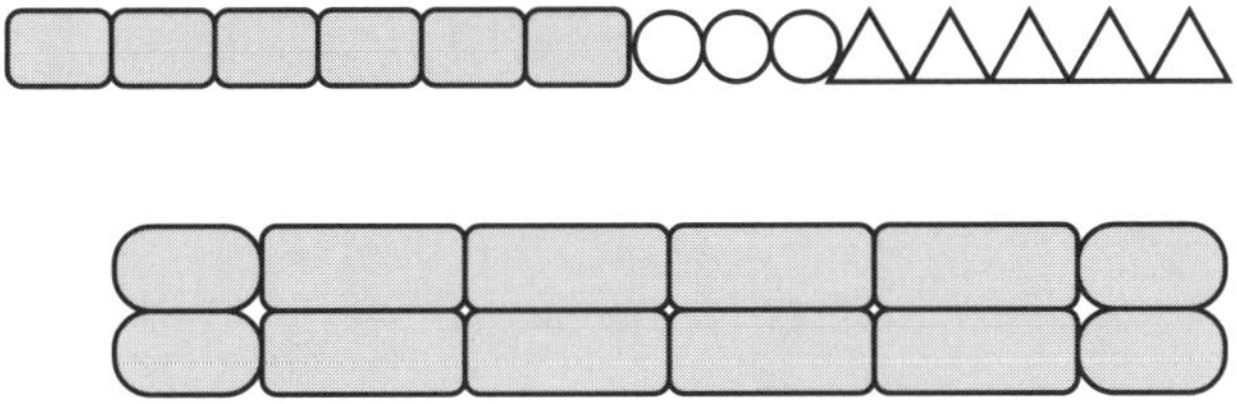

家電店の催事コーナーレイアウト（運動会シーズン）
秋の運動会シーズンは録画・再生をテーマにしたビデオカメラがメイン

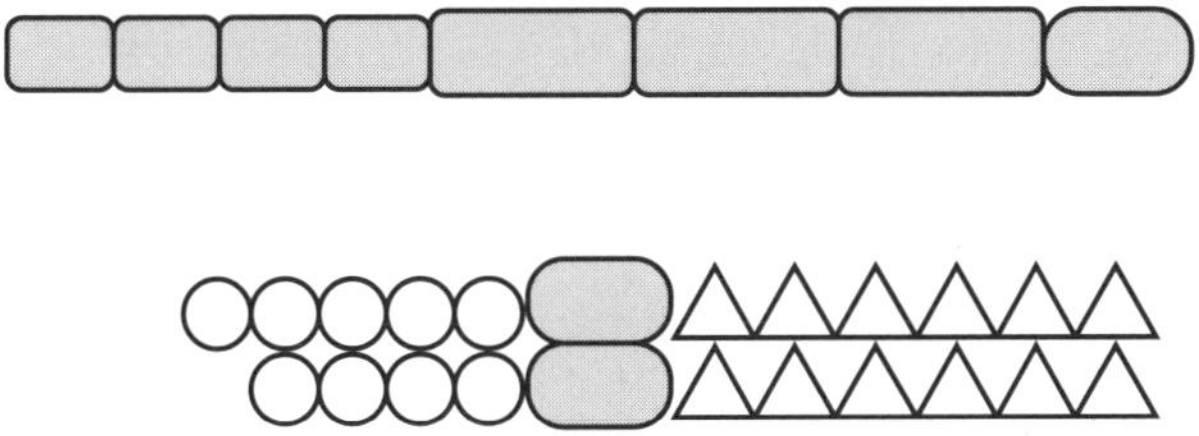

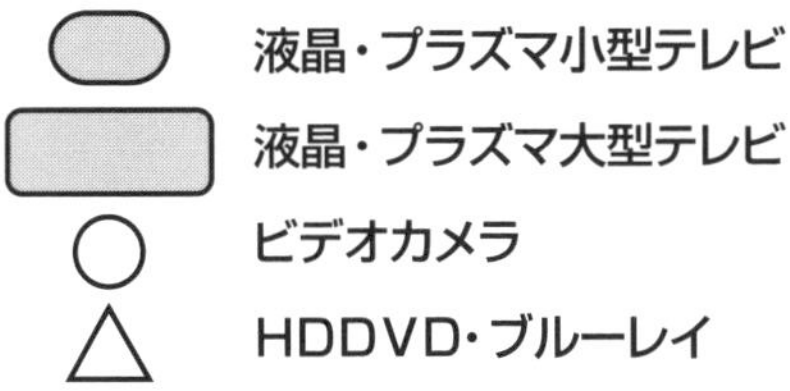

ポイント

配置されている商品と売場コーナーを区分けする。通路幅なども調べる。
競合店のレイアウトを見るだけで競合店の商品の力の入れ具合がわかる。

6-4 すぐに差がわかる売場面積の比較

●売場面積がお客様を吸引する

　レイアウト調査を行い、店舗の中の扱い品目がわかれば次に売場面積の比較を行います。売場面積の比較を行うことで競合店の強化している部門が見えてきます。

　お客様がひと目で他店との違いがわかるものは売場スペースです。品揃えを細かく見る前に売場スペースが広ければ商品数が充実している（と予想される）ことがすぐにわかるからです。売場面積の差を演出すること自体がお客様を吸引する要素になります。売場面積の比較は最も簡単な売場調査です。売場面積は広ければ広いほど、単純に商品量が多く置けます。当然、売場面積が広く商品密度が濃い店舗が品揃えもよく、お客様の目から見ても、わかりやすい売場の差別化ポイントになります。

　商品力調査などを行う前に売場面積の比較をすることで、戦術的にも実行できる施策の範囲が変わります。商品をたくさん置きたいと思っても売場面積で圧倒的な差（3倍以上）がある場合は、すべて包み込まれてしまいます。競合との売場面積の差を認識することで、どういう売場構成にすることが自店にとって有利になるのか部門別に考えることができます。

●部門ごとに勝てる部分を見つける

　左ページの競合店表はある衣料品店の競合店と自店の売場面積の比較です。売場の総面積では競合店のほうが１・８倍近く大きくなっています。

　特に婦人衣料は競合店の強化している部門で、逆に自店の弱い部門です。自店では、この売場面積比較を行って、競合店の売場面積の少ない実用衣料品の強化を行うことに決めました。

　また、限られた売場の中で差別化を行うために婦人衣料の縮小と紳士部門強化を打ち出しました。紳士衣料の売場面積を競合店の１・３倍に変更し、紳士関連の実用衣料を強化することで、自店の強みを売場で表現できるようになります。

　このように店舗総面積で負けていても、部門ごとの売場面積の差を演出することで、お客様を呼び寄せることができるのです。

競合店との売場面積比較

●衣料品店の例

	競合店		自店（変更前）		自店（変更後）	
	売場面積（坪）	構成比	売場面積（坪）	構成比	売場面積（坪）	構成比
婦人衣料	130	46.4%	55	35.5%	20	12.9%
紳士衣料	50	17.8%	30	19.4%	65	41.9%
服飾	60	21.4%	30	19.4%	30	19.3%
子供衣料	30	10.7%	20	12.9%	20	12.9%
実用衣料	10	3.5%	20	12.9%	20	12.9%
合計	280	100%	155	100%	155	100%

※数値は近似値です

競合店調査から、婦人衣料部門で差をつけることを判断し、紳士衣料部門を強化することにした。

●売場面積調査と流れ

部門別の売場面積を調べる

↓

競合店の力の入れている部門を知る

↓

勝てる部門の売場を広げる

ポイント　競合店との総売場面積との関係から、どの部門で勝つかを決める。

6-5 棚割りフェース調査

●棚割り調査とは

売場面積の比較を行い、平面的な商品量の差について理解できたら、主力品目について棚割り調査で立体的な商品量について考察します。什器の棚の陳列について調査することで、その店が打ち出そうとしている商品を知ることができます。

この調査は棚割りをそのまま写します。時間と手間のかかる調査ですが、棚の商品構成や競合店のエンド部分にある催事商品や定番商品の打ち出しなど単品ごとの違いを理解することができます。

競合店は、同じ商品でも、どの商品、どのメーカー、どの価格帯、どのサイズに力を入れているのでしょうか？たとえば、洗剤では同じ商品でもサイズや価格帯の異なるラインナップがあります。たとえばファミリーユースの多い量販店では、洗剤のフェースの主力は「１・７キロ」の４人家族で使うサイズ、逆に単身利用者の多いコンビニ型のスーパーでは「１・０キロ」が棚の主力になっています。

●棚割り調査で新商品発見

競合店のフェースを参考にすることで、自店のフェース陳列が間違っていないか、参考になる陳列はないかを学びます。たとえば、競合店が52インチの「液晶テレビ」を主体に陳列していた時、自店は「プラズマ」中心であるなら、液晶の売り逃がしがないか確認できます。また、大型テレビの周辺に高級テレビ台を陳列していたことで関連商品の陳列について学びます。

また、地域特性に合った商品がないかも、フェース調査をすることで発見できることがあります。特に地域性の高い商品は地元の店舗のフェースが参考になります。酒などは地域特産の地酒など、その地域にしかない商品が多く並んでおり、フェース調査することで新しい商品を発見することができます。

フェース調査は単品調査に比べて短い時間で、単品調査と同じような効果が期待できる点では、頻繁に行うことができる有効な調査です。

棚割り調査でわかること

●棚割り調査（レンタルビデオ店）

（競合店の新作コーナー）

レッドクリフパート3	レッドクリフパート3	レッドクリフパート3	ウォッチメン	ウォッチメン	ウォッチメン	グラントリノ	グラントリノ	グラントリノ
レッドクリフパート3	レッドクリフパート3	レッドクリフパート3	ウォッチメン	ウォッチメン	ウォッチメン	グラントリノ	グラントリノ	グラントリノ
レッドクリフパート3	レッドクリフパート3	レッドクリフパート3	ウォッチメン	ウォッチメン	ウオッチメン	グラントリノ	グラントリノ	グラントリノ
レッドクリフパート3	レッドクリフパート3	レッドクリフパート3	ウォッチメン	ウォッチメン	ウォッチメン	ベンジャミンバトン	ベンジャミンバトン	ベンジャミンバトン
レッドクリフパート3	レッドクリフパート3	レッドクリフパート3	ウォッチメン	ウォッチメン	ウォッチメン	ベンジャミンバトン	ベンジャミンバトン	ベンジャミンバトン
レッドクリフパート3	レッドクリフパート3	レッドクリフパート3	ウォッチメン	ウオッチメン	ウォッチメン	ベンジャミンバトン	ベンジャミンバトン	ベンジャミンバトン
レッドクリフパート3	レッドクリフパート3	レッドクリフパート3	ウォッチメン	ウォッチメン	ウォッチメン	ベンジャミンバトン	ベンジャミンバトン	ベンジャミンバトン

レンタルビデオ店の新作コーナーの棚割り調査の例
S級タイトルは棚7段×3列の前面陳列している
A級タイトルはその半分のフェイス陳列で訴求している

知りたい商品の棚割りを移す

↓

全員で商品の陳列内容を見て、競合店の幅出しの特徴を分析する

↓

自店の棚割り配置の参考にする

6-6 棚割り調査の進め方

●棚割り調査の注意点

棚割り調査を行うには、棚割り・フェースを写し取ります。什器のサイズや棚数は統一されたものが使われていることが多く、最初に棚幅や棚数などを調べておくと調査が進めやすくなります。什器や商品特性によって陳列のリズムがあります。たとえば、ビールの陳列では3フェース1組で商品を並べる特製があるなどを理解していると、素早く記入ができます。店内で模写したり、写真を撮ることはマナー違反です。できるだけ暗記して店の外でメモするなど工夫をします。

左の図はある酒屋のビールコーナー（サントリー、キリンを中心に調査）の棚割りフェース調査の記入例です。最近のライトビールの流行から棚の陳列は単価の安いライトビールを主体にした構成になっています。自店は逆に「1番しぼり」や「ラガー」を強化した打ち出しです。コンビニエンスストアや他の競合店の棚陳列を見ると、ノンアルコールビールを強化しており、自店でも棚割りの変更を検討することにしました。

●棚割り調査で単品の差をつける

たしかに売上実績を見ているとライトビールの売れ行きはよいようです。競合店の棚割りを参考にライトビールコーナーの拡大を検討。ここでも競合に対して差別化の数字1・3倍のフェース数を確保することが望ましいところです。棚割り・フェース調査は見た商品の構成を写し取るだけです。単純ですが単品での商品戦略を進める上では重要な調査です。商品力で地域1番になりたいと考えた場合、主力部門の中のさらに細かな単品ごとの差をつけていき、特に主力商品で勝つことにより地域1番店に近づくことができます。その意味で棚割り調査の積み重ねが地域1番の商品力を持つ店に近づく第一歩になります。勝ちたい商品の棚数を増やすことは競合店に勝つための重要なポイントだからです。

棚割りを考える時は平台の什器だけでなく平面のゴンドラやステージ、ショーケースなども同様に売場での展開を写します。さらに立体的に陳列を捉えるために棚のサイズ幅・高さ・奥行きも調べておくとよいでしょう。

棚割り調査から見えてくること

●競合A店のビールコーナー棚割り

サントリー ザ・プレミアム モルツ350	サントリー ザ・プレミアム モルツ350	サントリー ザ・プレミアム モルツ350	キリン 麒麟淡麗350	キリン 麒麟淡麗350	キリン 麒麟淡麗350
サントリー モルツ350	サントリー モルツ350	サントリー モルツ350	キリン淡麗 グリーンラベル 350	キリン淡麗 グリーンラベル 350	キリン淡麗 グリーンラベル 350
サントリー モルツ500	サントリー モルツ500	サントリー モルツ500	キリン淡麗 グリーンラベル 500	キリン淡麗 グリーンラベル 500	キリン淡麗 グリーンラベル 500
サントリー 金麦350	サントリー 金麦350	サントリー 金麦350	キリン麒麟淡麗 ダブル 350	キリン麒麟淡麗 ダブル 350	キリン麒麟淡麗 ダブル 350
サントリー ダイエット 350	サントリー ダイエット 350	サントリー ダイエット 350	キリン 麒麟ZERO 350	キリン 麒麟ZERO 350	キリン 麒麟ZERO 350
サントリー ダイエット 350	サントリー ダイエット 350	サントリー ダイエット 350	キリン のどごし生 350	キリン のどごし生 350	キリン のどごし生 350
モルツ350 ×6缶セット	モルツ350 ×6缶セット	モルツ350 ×6缶セット	キリン麒麟淡麗 350×6缶 セット	キリン麒麟淡麗 350×6缶 セット	キリン麒麟淡麗 350×6缶 セット

●自店のビールコーナー棚割り（変更後）

サントリー ザ・プレミアム モルツ350	サントリー ザ・プレミアム モルツ350	サントリー ザ・プレミアム モルツ350	キリン 麒麟淡麗350	キリン 麒麟淡麗350	キリン 麒麟淡麗350
サントリー モルツ350	サントリー モルツ350	サントリー モルツ350	キリン淡麗 グリーンラベル 350	キリン淡麗 グリーンラベル 350	キリン淡麗 グリーンラベル 350
サントリー モルツ500	サントリー モルツ500	サントリ ーモルツ500	キリン淡麗 グリーンラベル 500	キリン淡麗 グリーンラベル 500	キリン淡麗 グリーンラベル 500
サントリー 金麦350	サントリー 金麦350	サントリー 金麦350	キリン淡麗 ダブル 350	キリン淡麗 ダブル 350	キリン淡麗 ダブル 350
サントリー 金麦350	サントリー 金麦350	サントリー 金麦350	キリン淡麗 ダブル 350	キリン淡麗 ダブル 350	キリン淡麗 ダブル 350
サントリー ダイエット 350	サントリー ダイエット 350	サントリー ダイエット 350	キリン のどごし生 350	キリン のどごし生 350	キリン のどごし生 350
モルツ350 ×6缶セット	モルツ350 ×6缶セット	モルツ350 ×6缶セット	キリン麒麟淡麗 350×6缶 セット	キリン麒麟淡麗 350×6缶 セット	キリン麒麟淡麗 350×6缶 セット

ポイント

競合店の棚割りを調べることで競合店の打ち出したい商品（フェースの多い商品）が判断できる。

フェース調査から自店のフェースの見直しを行う。

また棚割り調査は地域性を知る上でも効果的な調査である。

6-7 陳列のリズムを知る

●陳列のリズムとは

棚割り・フェース調査の結果から競合店の陳列のリズムやくくりを知ることができます。商品陳列にはリズム（ルール）があったほうが、お客様から見やすい上に買いやすい売場になります。

商品によって様々なくくりがあり、リズムにも特性があります。大型の家電品、テレビや冷蔵庫などは大から小へとサイズ別に陳列していることが多いようです。規格やサイズが違うものを意識するとわかりやすくなるからです。アパレル商品など多色展開しているものはカラーバリエーションを意識します。競合店の陳列のリズムを知ることで自店の陳列の参考にします。

●商品の陳列の見直しをする

よく売場担当者が新しい商品を付加する際に「どう陳列するのがいいか悩む」という意見を聞きます。新しい商品ですので、陳列手法や演出手法に自信がありません。最初は問屋さんやメーカーに売場演出はまかせておけばいいのですが、それではメーカー別のくくりの陳列になり、お客様から必ずしも「買いやすい」売場にはなっていないことが多いようです。そうした場合におすすめしているのが競合店（繁盛店）の売場に行って陳列手法を調べることです。

靴の並べ方ひとつとっても属性別、売場からサイズ別、色別売場の展開まで様々です。大手百貨店のシャツ売場を見てみると、ある店舗は「サイズ別展開」を重視していました。

競合店のB百貨店は色別の展開を意識しています。どちらがいい売場展開かは店舗によるのですが、メーカーの主導ではなく、自主的に売場編集をしています。あるリサイクル店での靴売場の展開ではスニーカー売場でのサイズ別展開を行いました。これは大手靴チェーンの陳列手法を調べて真似たものです。サイズ別陳列に変更してからお客様も選びやすく、スタッフもサイズ選びの時間が短縮されています。

競合店の陳列手法や法則を知ることで、自店の演出に反映させます。

陳列方法のいろいろ

手法	特徴
価格別配列法	顧客が選択するにあたって価格を重視する場合に導入。
種類別配列法	商品を種類別に配置し、選択を容易にする。ただし、商品区分、分類が明確でないと雑然とすることが多くなるので注意が必要。
用途別配列法	商品の使用方法を説明しやすく配慮した手法。
材料別配列法	商品の材料（素材）を種類別に分類して配列する。
世代別配列法	商品が年代によって著しく異なる場合にとる手法。
色彩別配列法	顧客が購買の決定をするにあたって、色彩が重要な要素となる場合に導入。
男女別配列法	使用区分が性別で分かれている場合に導入。
関連配列法	使用・消費の際に関連する商品を一群にまとめる。
行事別配列法	各行事に必要な商品を合わせて配列する。
季節別配列法	四季それぞれに必要な商品を重点的に配列する。
ＰＲ配列法	新商品や新しく取り扱う商品を顧客に知らせることに重点を置いた手法。説明書・サンプル配布・実演などが該当。

船井コンサルティングマニュアルより

ポイント

競合店の陳列のやり方にリズムがある場合は、陳列の手法を知ると、何を重視しているのかがわかる。

価格別配列を採用しているのなら、価格を重視した政策といえる。

6-8 売場チェックリストの活用

●設備の大切さ

売場の設備状況やクリンリネスなどの状況を調べることも競合店の状況を知る上で大事な調査です。最近の繁盛店のポイントで「トイレの清潔さ」も大きな要素になっています。

特に飲食店などでは設備面の充実度は店舗を選ぶ基準にもなっています。小売店でも設備の状況はお客様に与える印象が大きく異なる場合があります。

競合店の店舗設備の状況などもチェックしておきます。設備面やソフトのチェックでは「売場チェックリスト」を活用します。多くの店舗で自店のチェックリストを活用されていると思います。あるレンタルビデオ店では毎月３００項目以上の「売場チェックリスト」を使って自店の売場品質を一定の水準に保つことに力をいれています。３００項目というかなり多いチェック項目ですが、それを点数化して各店の評価としているのです。

自店と同じ「売場チェックリスト」を使って競合店調査することで、自店と競合店との売場レベルを判断することが効果的です。

●スタッフ全員でチェックする

左の下の表は船井総研の店舗診断システムの「部門什器展開」を参考にした表です。ある大手ビデオレンタル店と自店のチェック項目を比較してみました。

競合店と比べて、クリンリネスの点で自店は劣っていることがわかります。調査者のコメントを記入し、会議の資料として話し合いをしました。大手ビデオレンタル店と自店では、棚の汚れなどクリンリネスの点で歴然とした差がありました。以降、商品の汚れチェック項目を強化した「店舗チェック項目」を作成しました。

「売場チックリスト」での競合店を調査は、一度はアルバイトスタッフを含む店員全員で行っていただきたいと思います。非常に主観的な調査ではあるのですが、すべてのスタッフが調査を行うことで、自店と競合店との差を理解でき、チェック項目に載っている事項を改めて認識し、自店にとって大切な項目であることが理解できるからです。

設備チェックリスト

●競合店A店の設備状況

項目	結果	備考
レジ台数	1台	POSレジ
クレジット会社	3社	VISA・マスターズ・JCB・ダイナース・アメリカンエクスプレス・その他
サッカー台	1台	
セロテープ・ビニール袋		補充の状況
買物かご		十分に用意されているか
部門表示		わかりやすいか
トイレの配置		わかりやすいか
トイレの状況		清掃状況、清潔感
タバコ（灰皿）		設置位置やスペースの有無
休憩場所		
公衆電話	1台	設置されているか
サービスカウンター		インフォメーション・人員配置

問診項目	A店	自店	備考
商品は清潔か	◎	○	傷、汚れあり
商品は傷んでないか	○	△	傷、汚れあり
新作コーナーはわかりやすく展開しているか	○	○	
新作コーナーの什器数	○	△	A店5自店4
定番コーナーはわかりやすいか	○	○	
商品の価格表示はわかりやすく明示しているか	○	○	
什器は清潔か	○	△	自店は古い
什器に空きスペースが目立たないか	○	△	
商品が手に取りやすい陳列（距離に関して）か	○	○	
新作が売場の1等地に配置されているか	○	○	
主力単品（新作話題作Aランク）がその売場の一等地に展開されているか	○	○	
主力単品3アイテムは欠品していないか	○	△	
主力単品売れ筋アイテムのフェイス数が多いか	◎	○	A店18自店12
主力単品売れ筋1アイテムにPOP、プライスカードが付いているか	○	△	ついていない
POPが1棚当たり3枚以上付いているか	○	△	ついていない
POPで売価表示と使用価値を明示しているか	○	△	表示があいまい
品切れの際には品切れおよび入荷予定を明示しているか	◎	○	
POPを見やすく固定しているか	○	△	
POPが汚れたり、曲がったりしていないか	○	△	
安さ感はあるか（旧作の価格）	△	○	
豊富感（ボリューム感）はあるか（品揃え）	○	△	

ポイント

売場チェックを比較すると自店と競合店の差が理解できる。
売場チェックは、スタッフ全員でやってみると効果的。

6-9 陳列手法を学ぶ

●売場演出を知る

競合店の売場調査で、最近重要になっているのがＶＭＤ（売場演出）です。同じ商品でも売場の見せ方次第で商品の売れ行きが大きく変わります。特に感性的な商品、アパレルなどファッション性の高い店舗では売場演出次第で売上が変わります。売場演出は売場経験の差にありますが、ある程度の演出はモデル店舗の売場を多く見ることでマスターできます。

ある古着ショップの売場づくりの際も競合店やモデル店の売場演出を多く見ることで、自店の売場レベルをアップできました。特に季節の変わり目にどんな商品を演出するのかは、売場担当者が悩む点です。この場合、自店の展開する商品と客層が同じようなモデル店の売場演出を定期的に調べることをおすすめします。古着は低単価の若年層をターゲットにした店舗ですが、より実需性の高い商品です。

モデル店として調べていたのは大手カジュアルチェーンの売場演出です。ファッション関連の店頭演出でセールが終わった後、まだ残暑が厳しい8月下旬の商品展開は悩むところですが、大手カジュアルチェーンでは夏物中心の売場演出を行っていました。秋物の演出が本格的にはじまったのは9月の下旬です。より実需対応型の売場を展開していたのです。この古着店ではカジュアル店と同じような売場展開を行うことで実需対応型の売場ができました。

●売場展開をみることでＶＭＤがアップする

同じモデル店でもファッション感度の高いブランド専門店では8月末にはすでに秋口の商品演出を行っており、同じ衣料品チェーンでもモデルとする店舗の違いにより演出シーンも大きく変わります。

また、商品の陳列でも様々な売場演出を参考にすることで面白い売場づくりが可能です。斬新な売場展開をしているのが百貨店のショーウインドーです。クリスマス時期やバレンタインなど百貨店のショーウインドーを見ることでスタッフの売場演出力がアップして、ＶＭＤのアイデアが湧いてくる効果があります。

売場演出が売上に関わる

普段から意識していれば
ほほう
店を見ながら
なーるほど
陳列方法を
なかなか
学ぶこともできる
勉強になるなー

6-10 時流をつかむ大型商業施設のテナント調査

●ショッピングセンターを見る

売場のトレンド調査としておすすめしたいのがショッピングセンターのテナント調査です。最近では20万坪の超大型商業施設開発など、店舗の大型複合化が進んでいます。店舗のテナントや施設を調べてみると意外な組み合わせが発見できます。

以前はショッピングセンターといえば、物販店が中心でサービス業が入っていることはめずらしいことでした。80年代の大型商業施設では飲食店以外のサービス業といえば、クリーニング店くらいだったのではないでしょうか。しかし、最近では英会話教室などのカルチャーセンターやマッサージ店、保険代理店まで入居しています。飲食店も地方の有名な繁盛店が新店を出し、入居しています。

また新しくできたショッピングセンターを調べていると、これまでには見られなかった業種が入居していることがあります。最近ではリサイクルショップの入店が多く見られるのが特徴です。

●新業態開発のヒントを見つける

ある大手のショッピングセンターのテナントリストを手に入れて調べてみると「古着ショップ」や「中古ブランドショップ」、「金・プラチナ買取店」などの中古業がリストにありました。

新しい業種の台頭や物販店とサービス業の組み合わせを考える上で、ショッピングセンターや大型商業施設のテナントの組み合わせは参考になります。

ショッピングセンターや大型商業施設のテナントを調べるには、ホームページで店舗リストを見ることもできますし、実際に施設に行けば詳細が書かれているパンフレットがあり、実際に店舗も見学できます。身近なところにできた大型ショッピングセンターにはぜひ足を伸ばしてみることをおすすめします。新しい業態のヒントや、売場の組み合わせが発見できるかもしれません。

今後は大型商業施設の開発は少なくなるかもしれませんが、新しいコンセプトのショッピングセンターのテナント調査はおすすめです。

実際に大型商業施設に行ってみる

●大型テナントのパンフなどテナントリストから新しい業態や話題の店を調べる

商業施設名	話題のテナント	これまでにない新しいテナント
A商業施設（2000年に開発）	●Aドーナッツ店 ●Bレディースブランド ●Cレディースブランド ●D雑貨店 ●E雑貨店	●生命保険 ●旅行代理店 ●不動産業 ●銀行（キャッシュディスペンサー）
B商業施設（2008年に開発）	●Fジェラート店 ●Gバーガーショップ ●Hスポーツブランド ●Iカジュアルブランド ●Jカジュアルブランド ●Kレディースブランド ●アウトレットブランド ●紳士高級ブランド ●子供服ブランド	●生命保険 ●旅行代理店 ●不動産業 ●銀行 ●郵便局（窓口業務） ●リサイクル店（貴金属） ●リサイクル店（古着）

新しい大型商業施設のテナントを調べる

↓

話題のテナントやこれまでにないテナントがあればリストアップ

↓

テナントの傾向から流行などを判断する

ポイント

テナント調査をすることで商業施設の流行を知ることができる。
新しい商業施設ができたら必ずテナントチェックをしてみる。

うモデル店調査

7 章

「こうなりたい」と思

7-1 あなたの店舗のモデル店はありますか

●モデル店の大切さ

「守・破・離」という言葉があります。師匠のいう通りに教えを守り、その後それを破り、最後には独自の芸を編み出す、という芸達者になるための指針です。店舗の創り方にもこの「守・破・離」は当てはまります。どんな経営者も「こうなりたい」というモデルになる経営者や店舗を持っていると思います。

伸びている店舗はモデル店のベンチマークをしているものです。ほとんどの方が、創業間もない時期、店舗を経営するにはモデル店を持っていたでしょう。ところが経営をするうちに自店に満足して、だんだんとモデル店の存在が薄くなっていきます。「モデル店がない！」という方は、自己満足に陥っていないか、気をつけたほうがいいでしょう。

●モデルは成長とともに変わる

創業20年で売上１００億円を超える大手ビデオレンタル店の経営者の方が「モデル店は自分の成長によって変わるよ」と教えてくれました。その会社は新しい取り組みをするのが早い企業です。社長は「いいと思ったらすぐに真似てみろ」と社員にいつも話しています。社長自身、常に「自分がいいと思う店舗を真似てきた」し、売上が増えても「まだまだ上には上があると思って、商売をしてきた」と話されます。

その会社では社長がいいと思った店舗には必ず幹部も見に行くようにすすめています。また、昇進試験や研修でもモデル店の感想を書くようにしています。こうすることで全スタッフがモデル店という目標を持ち、モデル店と自店の違いを意識します。

モデル店を意識することは、よりよくなろうという意識と具体的に目指すべき方向が理解できるというメリットがあります。

モデル店はひとつではありません。また、同じ業種や売上規模が違ってもかまいません。店舗の雰囲気や接客など「こうありたい」という師匠＝モデルを持つことが大切なのです。

モデル店をつくろう

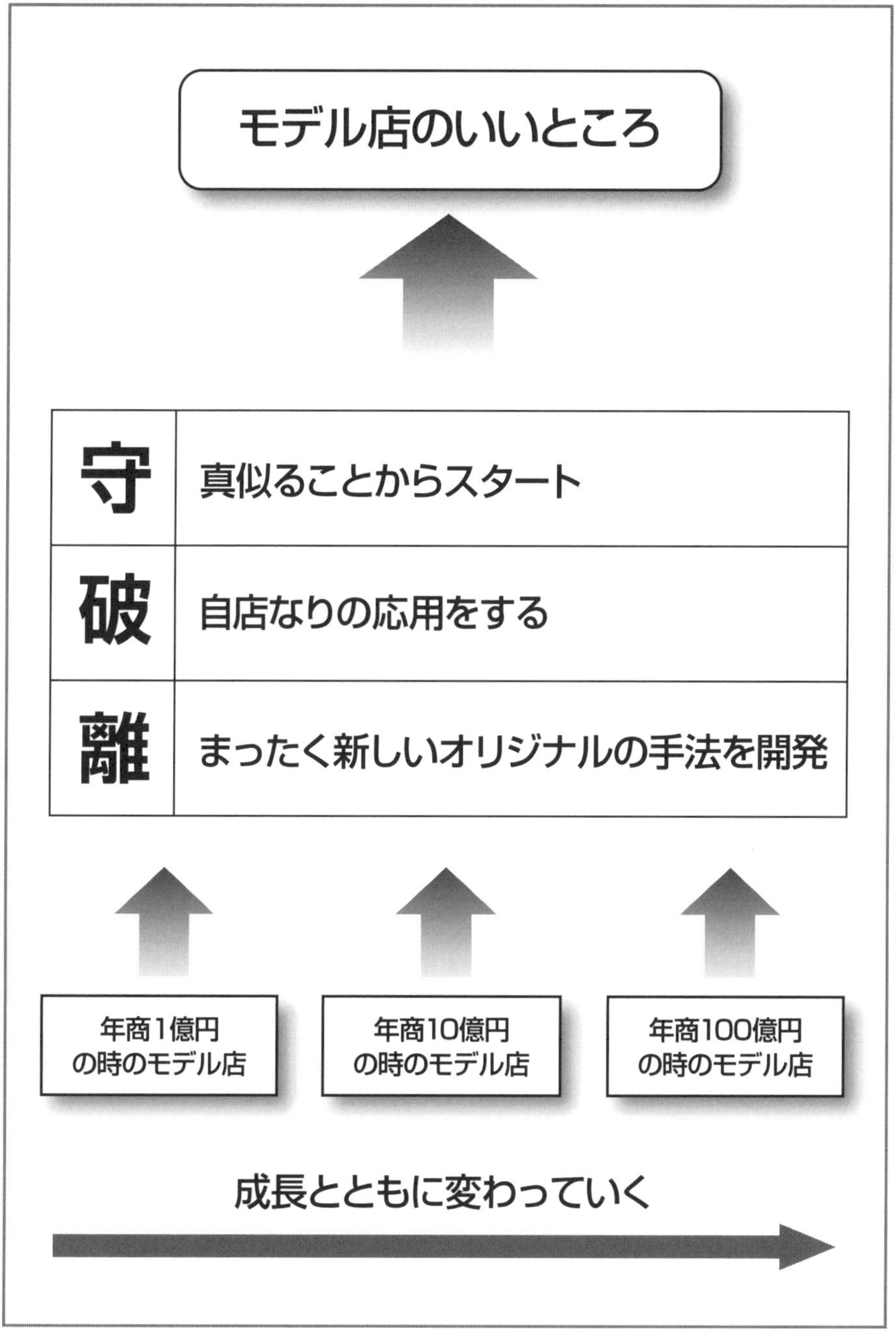
モデル店のいいところ
守
真似ることからスタート
破
自店なりの応用をする
離
まったく新しいオリジナルの手法を開発
年商1億円
の時のモデル店
年商10億円
の時のモデル店
年商100億円
の時のモデル店
成長とともに変わっていく

7-2 モデル店をどう選ぶか

●モデル店探し

モデル店はどう選べばいいのでしょうか？　先述しましたが「これはいい」と思った店がモデル店です。ですから、「この店だけ！」というのではなく、モデル店は複数あってもいいと思います。

ただし、店舗スタッフや従業員に進みたい方向性を打ち出すには、具体的なモデルが決まっていたほうがいいようです。そのための「当面のモデル」店は経営者が決定していただきたいと思います。

モデル店を選ぶ際には最後の到達点である「長期目標のモデル店」と、これから5年スパン以内で到達したい「中期のモデル店」、すぐにでも手が届きそうな「短期のモデル店」など2～3店ほど選ぶといいでしょう。当然、売上が1億円もいかない創業時期は「売上で１０００億円」の店舗をモデルにしてもなかなかイメージが沸きにくいものです。

やはり当初は自店の売上に応じて選ぶとよいでしょう。現在売上1億円なら、売上10億～50億円の企業をモデルに選ぶほうが従業員にも説明しやすく、真似しやすいのです。

●たくさんの店を見よう

モデル店選びはどのように行うのでしょうか。まずはいろんな店舗を見ることが1番です。本気で商売をはじめるなら、同業種を最低１００店は見ないといけません。ラーメン屋をするならラーメン屋を１００店は最低見ることです。

そして、必ず見ておかなければいけないのが、業界で1番といわれる店舗です。さらに、業者や同業者との話の中で「この店はいいよ」といわれた店舗は必ず見に行きます。新聞や雑誌で取り上げられた繁盛店もすぐに行きましょう。

また、街を歩いていても「人だかりの多い」店や場所は必ず足を止め、見に行きます。そこに何かヒントがあるかもしれません。とにかく「繁盛店」といわれる店舗をたくさん見ることがいいモデル店（師匠）とめぐり合う条件です。

たくさんの店を見てモデル店を探す

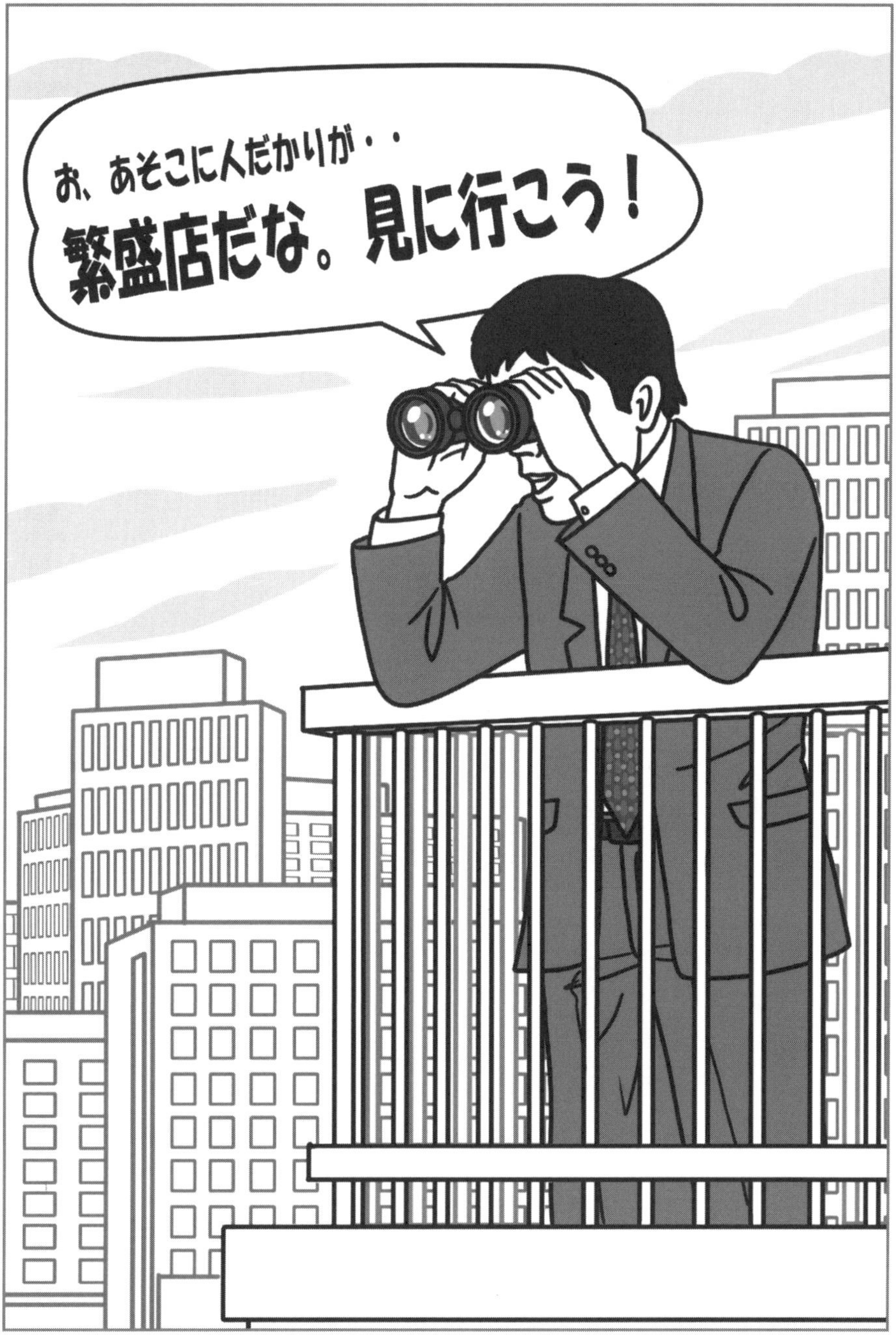
お、あそこに人だかりが・・
繁盛店だな。見に行こう！

7-3 モデル店と比較してみよう！

●真似ることからはじめよう

長期、中期、短期の2～3つのモデル店が決まれば、次にモデル店と自店を比べてみます。モデル店と比較するのは競合店調査と違い、気軽に行うといいでしょう。比較する項目は何でもかまいません。品揃えを比較したい、接客を見てみたい、売場づくりを調べてみたい、いろいろあると思います。できるだけ簡単に気軽に比較してみます。

そして、モデル店はできるだけ客目線で見ます。お客様の目線で見て「あれ？　これ何だろう」と疑問に思った点や「これはすごい」と感じる点を調べたり、真似てみるといいでしょう。特にモデル店の情報は常に収集するようにします。近くの店舗ならチラシや情報誌などの販促物。ホームページがある店舗ならば常に内容をチェックしておきます。そして、新しい動きがあったらすぐに実際に店舗に見に行きます。モデル店のしていることをできるだけ知り、真似できるところは真似することからすべてははじまります。

●何でも真似てみる

たとえば、ビデオレンタル店の品揃えを見てみると「モデル店では自店で廃盤にしたクラッシック映画コーナーを大切にしていたな」など、意識的に比較して気がついた点を持ち帰ります。そして何でもいいので真似てみます。モデル店のクラッシック映画コーナーを自店でもそのままつくり、結果を見てみます。結果が上手くいけばいいのですが、当然、上手くいかないこともあります。その場合はモデル店で上手くいったのになぜ自店では上手く結果がでないのかを考えてみます。特に自店とモデル店の違いを考えます。そして修正し、もう一度チャレンジしてみます。コーナーの位置が悪かったのか、目立つＰＯＰが貼ってなかったのか、思い出し、考えて修正してみることです。わからなければ何度でもモデル店を見に行きます。

繁盛店で「これはいける」と思って真似てみたものは何か繁盛の理由があるものです。繁盛のポイントを考えることがモデル店（師匠）から学ぶことになるのです。

繁盛の理由を考えて真似てみる

7-4 短期～中期のモデル店を実践的に真似る

●モデル店をノートにまとめる

自店のモデル店を見つけたらモデル店のどこがいいのかまとめてみましょう。どの点を学ぶべきなのか具体的に書いてみます。考えがまとまったら従業員に説明します。まだ創業間もない頃であれば、社員が増えていくことを考えて、自分が目指している方向はこの店舗で長期目標はこの店舗なのだ、ということをまとめておきます。モデル店のどこを学びたいのかをまとめてないために、従業員に「どんな店づくりをしたいのか」「どこをモデルにしたいのか」が、伝わらないことがあります。そのためにもモデル店のどこを学びたいのかを明確にし、紙に記録しておきます。

また、モデル店は何度も足を運ぶとまた違った印象や学ぶ点が発見されます。そのたびに気づいた点を書き残しておきます。できれば1冊のノートに記録をとっておくとよいでしょう。モデル店を持つ→モデル店のいいところをまとめる→第三者にわかりやすくモデル店のいいところが説明できるようになる、これができるまで内容を磨き込んでいきます。

●モデル店のよいところを書いたシートを配る

あるリサイクルチェーンの創業社長が創業時にリサイクル店を数十店見て「よいところ」と「悪いところ」を分析してノートに記していたそうです。ノートを見て「これならもっといい店ができる」と考え、実行したことで店舗は大成功しました。モデル店の存在は具体的なイメージとして目標を他人に伝えやすくなることです。そしてそのよさが具体的に分析されていると、自店でどう取り入れていったらいいのかが明確になります。

また、あるリサイクル店では、モデル店のいいところを書いたシートを従業員に配布しています。売場面積の小さなリサイクル店では圧縮陳列のイメージをディスカウントストア大手のドンキホーテをモデル店として明示しています。従業員は圧縮陳列の技術を学びにドンキホーテを見にいくことが多いそうです。イメージ化させる、具体的に見せる、という点でモデル店とそのよさをきちんと説明しましょう。

モデル店をノートにまとめる

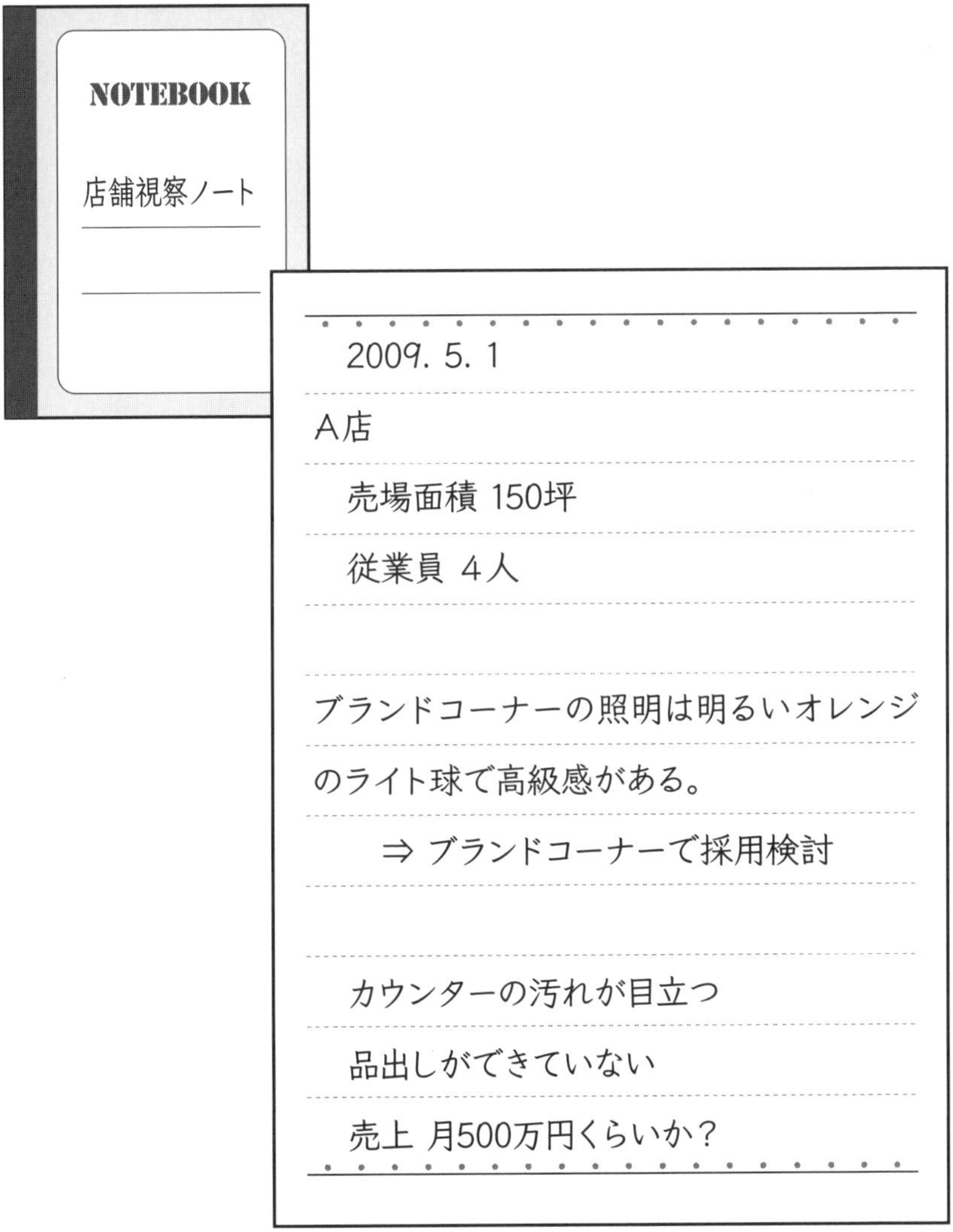
NOTEBOOK
店舗視察ノート
2009. 5. 1
A店
売場面積 150坪
従業員 4人
ブランドコーナーの照明は明るいオレンジ
のライト球で高級感がある。
⇒ ブランドコーナーで採用検討
カウンターの汚れが目立つ
品出しができていない
売上 月500万円くらいか？

ポイント

店舗視察ノートに感じたことや役立ちそうなことを書いておく。簡単にメモ程度で記入する。

7-5 売場やサービスの変化を知る

●定期性がものをいう

モデル店には定期的に訪問します。そうすると「売場やサービス」の変化に気がつくからです。何事も師匠から学ぶには定期的に稽古しなければなりません。店づくりでも同じです。できれば1ヶ月に1回はモデル店に訪問するようにします。それぐらい頻繁にモデル店を訪れることで、小さな変化にも気づく観察力を養うことができるのです。

モデル店を定期的に訪れることは、自分のモチベーションアップにもつながります。モデル店を見て「まだまだやれる、まだまだ工夫できる」と思える店舗がいいモデル店です。

●ナンバーワン企業は日々変化している

リサイクル業界で単店ナンバーワンの売上を誇るのが、名古屋に本社があるコメ兵です。私はリサイクル業界のお付き合い先には「年に1回はコメ兵さんの売場を見に行きましょう」とお話しします。

伸びている店舗の経営者は必ずといっていいほどコメ兵に年4回は行かれます。シーズンごとに何か新しい取り組みはないかを学ぶためです。コメ兵の買い取りブースの清潔感や店員さんの接客レベルなど、ナンバーワンには学ぶところがたくさんあります。

やはり定期的に訪れていると売場の構成の変化や品揃えの変化に敏感に気づくようになります。一見、変わってないように見えても「ナンバーワン」は日々変化しているものです。

また、モデル店が運営している会社の新店が出たら、必ず見に行くようにします。新たに出店する店舗には「何か新しい取り組み」が多いからです。できればオープン初日～1週間以内に見に行くことをおすすめします。オープン時の販促や意気込みを感じることでモチベーションも上がるからです。

モデル店を持つということは、店舗を真似るという実践的な側面とモチベーションをアップするという面もあるのです。

定期的に視察を行う

7-6 モデル店の仕入先を調べよう

●新しい商品を発見する

繁盛店の品揃えを見ていると「どうしてこんな商品があるんだろう」と不思議に思うものがあります。まれに一般の店舗には置いてないモノがあるものです。

「これいいな」と思う商品は自分の店舗でも扱えないか検討してみることが大切です。そのためには、商品がどこから仕入されているのか調べなくてはいけません。そうした商品を見てみると裏面にシールが貼ってあったりします。シールには卸問屋かメーカーの社名が入っていたり、電話番号が書かれています。そこまでわかればその会社に電話をするだけで、モデル店と同じ商品が仕入れることができます。

あるいは商品を買って帰って、親しい問屋やメーカーの担当者に聞いてみることもおすすめです。何かしらの情報を教えてくれるでしょう。あるビデオ店の社長は店舗を見に行くと、必ず新しい仕入先を見つけてきます。あらゆるジャンルの商品を揃えるために海外のビデオソフトはもちろん、雑貨や玩具まで「いい」と思った商品を仕入れてみるのです。

●見えない部分を知る！

繁盛店の繁盛のポイントですが、見えない部分にヒミツが隠されていたりします。目には見えないモデル店の情報を知っていると意外な発見があります。たとえばモデル店が有名企業であれば、マスコミに出ている記事や情報を集めてから店舗を見ると「なるほど」というヒントが多くあります。

衣料品のしまむらは商品の補充を、商品配送のドライバーが店を閉めた夜に行うそうです。ドライバーが商品の配置をわかりやすくするために、どの店舗も同じレイアウトやコーナーづくりをしています。マスコミで多く出ていた内容ですが、実際にしまむらの店舗を数店舗回ってみましたが、売場の配置はどこも同じです。販売スタッフの品出しがない分、昼間の人員も2～3人と同規模の衣類店では少なめで人件費を押さえることができます。そうした情報を確かめてから店舗を見ると「なるほど」という点が多くあります。

モデル店の見えない部分を探る

7-7 モデル店の社長に会って話を聞いてみる

●モデル店の情報を集める

最近の店舗では見える部分よりも見えない部分に繁盛店のヒミツが隠されていることが多くあります。それは、昔と比べて差別化の要素が商品（仕入力の差）から物流やIT（情報）の使い方の差へと幅広くなってきているからです。

また、感性的な部分や情緒的な部分の演出、人間性の差が、売れる店舗と売れない店舗の差になっているようです。目に見えない人材教育であったり、モチベーションアップする人事制度であったり、コミュニケーション手法であったりと「人」の感性や感情部分に訴える施策が多いようです。

こうした見えない部分の繁盛ポイントを知るには店頭での調査だけでは理解できません。その店舗の繁盛ポイントを知るには企業の情報を収集する必要があります。情報収集は上場企業なら会社四季報や帝国データバンクの業績や分析コメントからはじめ、新聞記事や業界情報誌からも集めます。

●ヒントや気づきをもらいに行く

この見えない部分を研究するには、モデルとする企業の社長と会って話してみると多くの収穫があります。「忙しい社長にアポしても会ってもらえない」、特に大きな企業になればなるほど「私になんか会ってくれないんじゃないか」と思いがちですが、「あなたの店舗や会社のような素晴らしい会社に成長したいのです」という熱意を込めた手紙を書くと前向きな社長ほど会ってくれます。

手紙はできるだけ手書きで書きます。手紙を書いて1週間以内に電話をしてみます。大企業なら、直接社長宛に手紙を書き、広報や社長室宛にFAXで確認し、その後、広報社長室に電話をするという段取りで連絡を取ってみます。一度でだめなら2度、3度と連絡してみます。熱意が伝わればアポの取れる確立が高くなります。私も初対面の社長に手紙を書いて会っていただき、いろいろとヒントや気づきをいただいた経験がたくさんあります。まずは社長に会って考え方を聞いてみるのもモデル店から学ぶにはいい方法です。

モデル店の社長に手紙を書こう

2007年○月○日

株式会社○○○○
代表取締役社長　○○○○　様

株式会社船井総合研究所

お世話になります。船井総合研究所の野田芳成と申します。リサイクル業界の活性化をテーマとして、リサイクルショップの実務支援、開発を中心とした経営コンサルティングを行っております。今回突然のお手紙を致しましたのは、○○社長に是非、弊社主催の「リサイクルショップ売上アップ実践研究会」にゲスト講師としてご講演お願いしたいと思ったからです。

「リサイクルショップ売上アップ実践研究会」は、現在、全国でリサイクルショップを経営されている勉強熱心な社長様の定期勉強会として、現在○○社の社長様に毎月弊社（東京本社）にお集まりいただき開催しております。

○○○○年の創業以来、御社がこれほどのスピードで成長してこられた成功談、失敗談、現状の取り組み、今後の方針など生のエピソードを是非ともお聞かせ頂きたいと思っております。日本の中小企業の成長が鈍化する中、研究会にご参加頂く経営者の方々にとって、成長のヒント、元気を与えるきっかけになればと考えております。今回のセミナー内容から考え、どうしても○○社長に講演戴きたいと思い至りました。

セミナーの全体的な主旨ならびに○○社長にご講演頂きたい演目などの詳細につきましては、別途ご説明をさせていただきます。セミナー日程は○月○日（○）の午後13時～を予定しております。○○社長には一時間ほどご講演頂きたいと考えております。

ご講演の中では、積極的に御社事業、サービス等の案内を頂くのは一向に問題ございません。ご講演の協力費につきましては、ご希望条件をお伝えいただければ幸いです。
ひとりでも多くの経営者の方々に○○社長の貴重なお話を聞いて頂きたいと思いますので、ご検討の程何卒よろしくお願いいたします。

株式会社船井総合研究所
第一経営支援部
リサイクルビジネス支援チーム　次長代理
野田　芳成
大阪市北区豊崎4－12－10
Tel: 06-6377-4146
Fax: 06-6377-4368

ポイント

モデル企業の社長に直接手紙を書いてみよう。
手紙の例）研究会のゲスト講師の依頼文

7-8 どこでも繁盛店を見に行くクセが伸びる店舗をつくる

●視察ツアーでわかること

モデル店を見に行くのに、コンサルタント会社や卸会社、メーカーが主催する繁盛店ツアーに参加することもおすすめです。視察店の中に自店がベンチマークしているモデル企業が入っていたら絶対に参加しましょう。

繁盛店のツアーに参加するメリットはたくさんあります。ひとつは専門のコンサルタントや担当者から繁盛の視点を説明（資料が手に入る）してもらえることです。また、普通に店舗を見ていたのではわからないバックスペースやスタッフに質問ができるなど知りたかったことを堂々と聞けるチャンスです。

また、社長や担当者から直接苦労話が聞けたりします。さらに、ツアーに参加すると同業者と情報交換ができ、自分では見落としていた繁盛のポイントなど気づきやヒントが得られます。

●繁盛ツアーでモチベーションを上げる

船井総研のリサイクルショップ支援チームでも８年前からリサイクルショップ業界の繁盛店ツアーを企画しています。毎回、たくさんのお客様に参加していただいています。ツアーでは繁盛店の社長や店長にお話しいただいて、参加者からいろいろな質問をさせてもらいます。やはりここでも見ただけではわからないことがたくさん学べます。

最近の繁盛のポイントとして話されるのが物流システムの構築やＰＯＳシステムなどです。やはり目には見えない部分での差別化が進んでいるようです。話を聞いてから店舗のバックスペースをのぞいてみると、オペレーションの舞台裏が見え、自店に持ち帰って検討する内容が多く発見できます。

毎年、企画しているツアーですが、経営者や店長も毎回楽しみにしており、参加した企業はいろいろな刺激を受け、自店でできることはすぐに実践していただいています。ツアーに参加した店舗のレベルや経営者のモチベーションが、直後から上がっていくのはいうまでもありません。

繁盛店を直接見に行くツアー

●繁盛店を実際に見て生の話を聞ける

●見学先企業の話を聞く

ポイント

繁盛店ツアーで講師の話を聞く。実際の店舗の運営などを見て話を聞けるのでリアルに伝わる。

7-9 海外ツアーで刺激を受ける

●海外で新しい視点を見つける

同じように海外の繁盛店を見に行くこともおすすめです。20年以上前はアメリカの小売業は日本より10年以上は進んでいるといわれました。船井総研でもアメリカやヨーロッパの小売視察ツアーを企画したところ、たくさんの方に参加していただきました。現在はグローバル化の進展で、海外の繁盛店が日本にも多く出店しており、海外へ繁盛店を見に行く経営者は少なくなってきたようです。

しかし、同じ業界でも日本と海外の店舗のつくり方や利用のされ方は異なり、視点を変えるという意味では毎年、違う国に行ってみるのもいいと思います。船井総研の代表取締役の小山政彦は米国には「新しい芽」を、ヨーロッパには「存続の因子」を見に行くといいます。それぞれに何かしらのヒントがあるからです。

●次の事業展開を考えるヒントや刺激を受ける

私も海外に行った時は、コンサルティングで得意としている中古業や衣料品店、大型商業施設を見てきます。米国、ヨーロッパと店舗を見てきましたが、商品を売ったり買ったりする中古ビジネスや店舗レベル、店舗の多様性は日本が1番だったと思いました。

米国はフリーマーケットやネットオークションに商品を出品する人が多く、リサイクルショップは貧しい人を助けるボランティア的な店が主流です。フランスなどのヨーロッパにも古着屋がたくさんあります。それに比べて日本人は飽きやすく、まだ商品価値が十分にあるものでも手放してしまう傾向が見られます。欧米人は商品を壊れるまで使う人が多く、中古商品の商品価値が相対的に低いという点もあるようです。しかし、高額の「アンティークやビンテージ品の流通」は進んでいます。特にヨーロッパのお金持ちは骨董品を集める人が多く、骨董家具や宝石の流通は進んでいます。これから日本でも高額所得者中心にビンテージコレクターが増えるかもしれません。

海外の店舗や市場を見るのもこれからの店舗展開や事業展開を考えるうえで刺激になります。

海外の繁盛店を見るのも刺激になる

●2006年に企画したアメリカ視察ツアーのチラシ

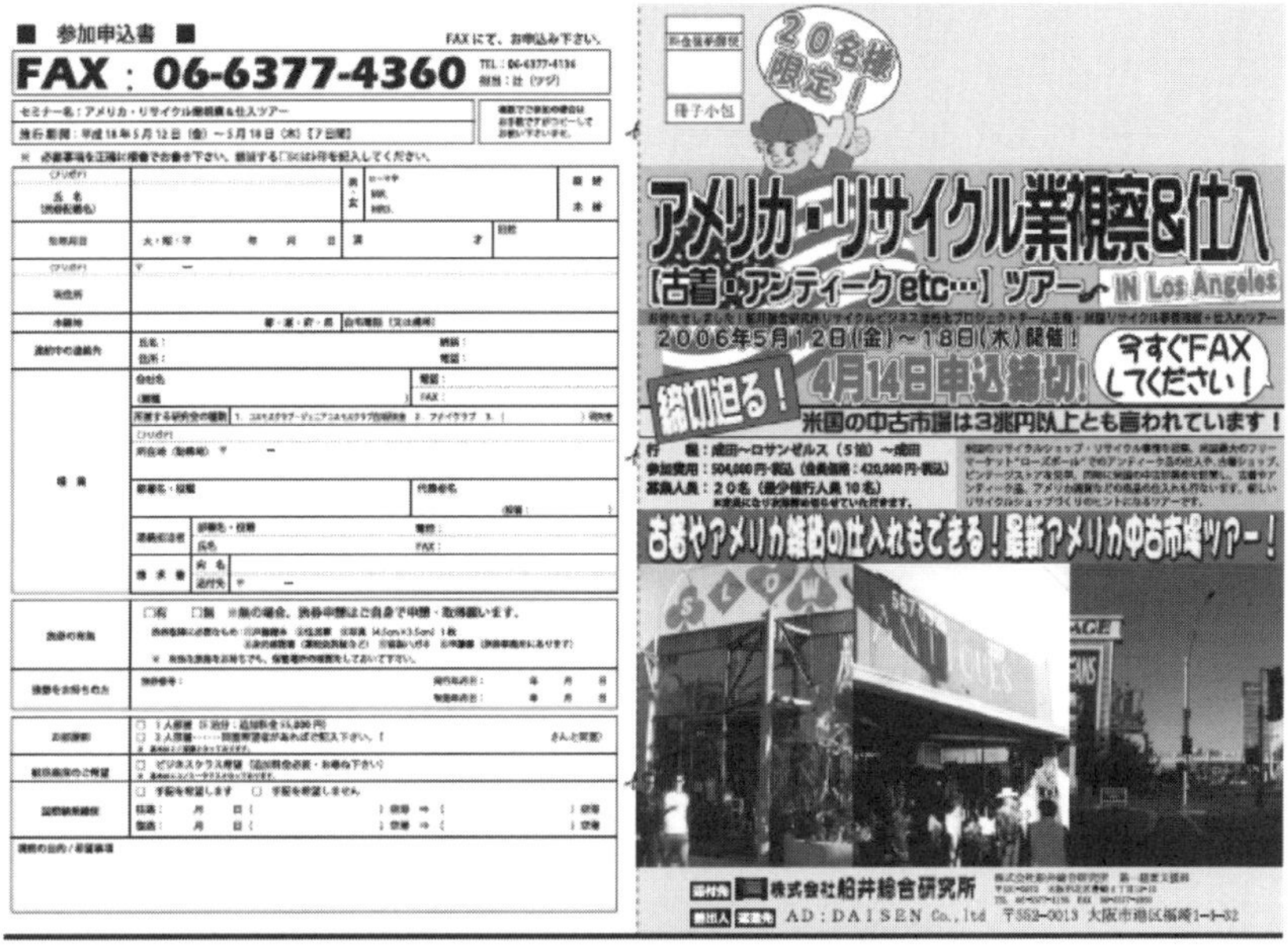

フランスツアーでまわった骨董品街の様子

ポイント

新しい事業を考える際に海外視察ツアーに参加してみるのも発想の転換になる。
定期的に海外視察してみると変化に気づく。

7-10 「こうなりたい」と思うモデル店調査

●異業種から学ぶ繁盛店視察

短期、長期のモデル企業は同業者から選ぶのがいいと思います。具体的にイメージできて、目標とできるモデル店を選ぶという意味では同じ業種から学ぶのが早いからです。

しかし、同業種の繁盛店やモデル店から学び調べるのと同じように、異業種からも学ぶクセもつけておくと幅広い店舗づくりができます。

日々の仕事に追われていると、視野が狭くなり、自分の業界以外の出来事に興味をなくしてしまいがちです。成熟業種の多くなった日本では、同業種からの情報だけでは新しい発想が生まれにくくなりました。そうした意味でも意識的に異業種から学ぶようにします。

異業種から学ぶにはテーマを決めて考えてみます。たとえば、「固定客化」というテーマでモデル事例を集めるのです。

●自分のお気に入りの店舗を分析する

私がおすすめするのは、自分のお気に入りの店舗を持つことです。私はリサイクル業界のコンサルティングからスタートしましたが、当時からお気に入りの喫茶店やケーキ屋を持っていました。お客様にも自分のお気に入りの店舗をリストアップしてもらい、そこから学べる点、なぜ自分が固定客になっているのかを分析するようにしています。お気に入りの店舗ですので無意識に通っていることも多いものですが、時には意識して考えてみましょう。

お気に入りの店舗について、テーマごとに考えてみるクセをつけましょう。たとえば、「固定客化」はどのように行われているか、すぐに分析できます。ケーキ屋は味がおいしければリピートする、洋服や靴屋さんはセンスが合えばリピートする、理髪店は店員さんとのコミュニケーションが合えばリピートするなど、業種によって「固定客化」のポイントが違うようです。こうして視点を変えてみると学べる点が増えていきます。

ポイントは自分が何故、その店が好きなのかを考えてみることです。

お気に入りの店を考える

所を見つける

8章

自店調査で自店の長

8-1 自店の長所を見つけよう

●自店について知ろう

自店について知ることは競合店調査を行う以上に大事なことです。自店を調べると、見えてくることがたくさんあります。

多店舗展開しているチェーン店は各店同士を比較することが繁盛店づくりの早道だったりします。10店以上のチェーン店の各店舗の業績を見ていると、繁盛している店舗は20％、黒字で平均点レベルの店舗が60％、不振または赤字店が20％の2：6：2の法則で存在しています。

全体の底上げを行うには、自店の繁盛店をモデルに平均店や不振店の活性化を行います。繁盛している20％の店舗を調べてみると違いがあります。その違いを知ることが平均店を繁盛店に近づけることになります。逆に20％の不振店も違いがあります。その違いは立地であったりスタッフのモチベーションであったりします。

繁盛店の違いは真似し、不振店の違いを発見したら即修正すればいいのです。違いを知るには自店同士の比較が必要になります。まず重要な経営指標について比較してみます。

●自店の繁盛店を徹底的に真似る

たとえば、次の表のように繁盛店から不振店までの重要な指標、ここでは月坪効率と回転率を拾い出していきます。

比較項目	繁盛店A	平均店B	平均店C	不振店D
月坪効率	10万	6万	7万	4万
回転率	10回転	8回転	6回転	4回転

この表を見ると繁盛店Aは他の店舗と比べ、坪効率や回転率がよいことがわかります。不振店のD店は坪効率、回転率ともに繁盛店A店の半分以下です。では、なぜこうした違いが生まれているのか具体的に調べていきます。そのために繁盛店A店の品揃え、売場づくりの違い、バックスペースのオペレーションの違いを探し、繁盛店A店を徹底的に分析して他店に応用していくことが自店調査の重要なポイントになります。そして繁盛店と不振店の違いを各店長と話し合って改善へと結びつけます。

自店同士を比較してみる

●地方量販店の例

（百万円）

額	A店	B店	C店	D店	E店	F店	G店	H店	I店	J店
売上高	7,700	8,300	16,440	21,000	31,000	24,300	8,109	21,091	7,454	9,376

率	A店	B店	C店	D店	E店	F店	G店	H店	I店	J店
原価率	28.9%	26.9%	27.0%	32.6%	25.3%	32.4%	22.0%	38.1%	30.9%	31.3%
売上総利益率	70.3%	81.1%	73.1%	80.3%	77.3%	79.9%	77.0%	68.7%	73.8%	69.0%
販管費率	66.3%	69.4%	64.3%	78.9%	72.9%	77.3%	73.3%	62.1%	70.7%	71.0%
人件費率	34.1%	31.5%	29.1%	43.3%	38.1%	39.9%	29.8%	25.3%	31.6%	30.7%
店舗費比率	17.7%	18.6%	17.3%	14.1%	16.4%	20.0%	−	16.0%	14.7%	19.0%
営業利益率	4.0%	11.7%	8.4%	1.3%	2.4%	2.6%	3.7%	6.6%	3.0%	−2.0%

粗利益率の高いＢ店、Ｄ店のしていることと粗利益率の低いＨ店、Ｊ店の違いを調べてみる

●多店舗展開するチェーン店は自店比較する

自店の繁盛店・平均店・不振店を分ける

↓

繁盛店のよいところを知る

↓

全店で繁盛店のよいところを真似る

ポイント

自店の繁盛店と不振店の違いを分析して、店舗改善への指針づくりを行う。
チェーン店には繁盛店20%、平均店60%、不振店20%の割合で存在する。

8-2 繁盛店と不振店の品揃えを調べる

●繁盛店と比較する

自店の繁盛店と不振店を比べてみると、わかることがあります。特に繁盛店と差のある部門については商品構成や陳列手法など比較検討します。

たとえば、衣料品店でＴシャツの売れ行きが店によって大きく異なる場合、Ｔシャツの品揃えを繁盛店と不振店で徹底的に比較します。アイテム、デザイン、色、仕入先の構成などあらゆる角度から検証してみます。だいたいの場合、繁盛店はデザインや色でトレンドを意識した商品構成を多くしています。それだけ店舗のスタッフが店頭で売れている商品に敏感なのです。

古着店の例でもよく売れる店舗はトレンドの色が売場で多く、目立っています。逆に売れていない店は黒やグレーや白のモノトーン中心の売場になっていることがよくあります。あらゆる商品で繁盛店と不振店では「売れ筋」の捕らえ方が違うのです。

●売れている店舗の店長の成功事例を聞く

この違いを認識するには商品の構成の違いをきちんと表にして見てもらい、それから繁盛店の店長やバイヤーの品揃えの考え方を話してもらうと気づく点が多くあります。結果的に繁盛店との品揃えの違いが明確になり、そこに店長やバイヤーの商品構成の考え方の違いがあることがわかれば、発想を変えていくことが容易だからです。

売場の違いは写真に撮って比較します。繁盛店には売場に「お客様に手に取ってもらう小さな仕掛け」があって微妙に売場づくりが異なります。衣料品だとフェース陳列の面数の違いであったり、陳列している商品の考え方が異なります。

不振店の品揃えやバイヤーの意識を変えるのは簡単ではありません。しかし、売れている店舗と売れていない店舗の違いを示してから、売れている店舗の店長に「成功事例」を発表してもらうと不振店の店長やバイヤーさんも真似しやすいようです。

繁盛している店舗の品揃えや売場陳列の考え方は、店長会議などでも学ぶことができます。

繁盛店から学ぶ

店長勉強会での発表風景。繁盛している店がしていることを共有しよう

ポイント

繁盛店のしていることを共有しよう。
繁盛店のしていることを真似てみると結果が出る。
売れている店舗と売れていない店舗の違いを見つける。

8-3 定期訪問で店舗チェック

●店舗チェックリスト

店舗レベルを一定に保つためのツールに店舗チェックリストがあります。定期的に店舗チェックを行うことで改善点をわかりやすく明示します。

店舗のチェックは最低、月に1回は行います。チェック項目は事前に作成して各店の店長に伝えておきます。項目を伝えることで店舗の重点課題を明確にするためです。店舗を訪問したらチェックリストに従って店舗の状況を見てまわります。チェックリストは店舗の大切にしていることをリスト化します。店舗によって異なりますが、たいていの場合は店舗の清掃状況であったり、品揃えや陳列、店舗スタッフの接客態度までを調べることになります。

チェックが終了したらわかりやすいように指示書を作成して「改善点」と「改善要望」を記入して店長と結果について話し合います。店長との話し合いで改善点が決まれば、次回の訪問日程と改善点の改善期日と取り組み内容を明らかにして巡回を終わります。

●店舗チェックリストで問題意識を共有しよう

ある総合リサイクル店では、これらの取り組みのすべてを文書化してバックスペースに貼り出し、スタッフと問題意識を共有することで店舗レベルの改善を図っています。スタッフも自店の採点表が毎月貼り出されることで、自店のレベルと課題を認識するようになりました。店舗のクリンリネスは、店舗チェックをしてから保たれています。

店舗チェックリストを作成して活用している店舗は多いのですが、問題点をスタッフと共有することと、継続的に取り組むことができない店が多いようです。定期的な店舗チェックを継続するには経営者が店舗チェックを継続的にする意志を明らかにして評価に組み込むことです。よく店舗チェックが長続きしないと悩む経営者の方がいますが、それは本気でチェックをしようという気持ちが経営者の方にないからだと思います。チェックリストの内容は適宜見直しながら、継続しやすいように工夫し自店のレベルアップに取り組む仕組みを持つことです。

チェックリストはスタッフ全員で共有する

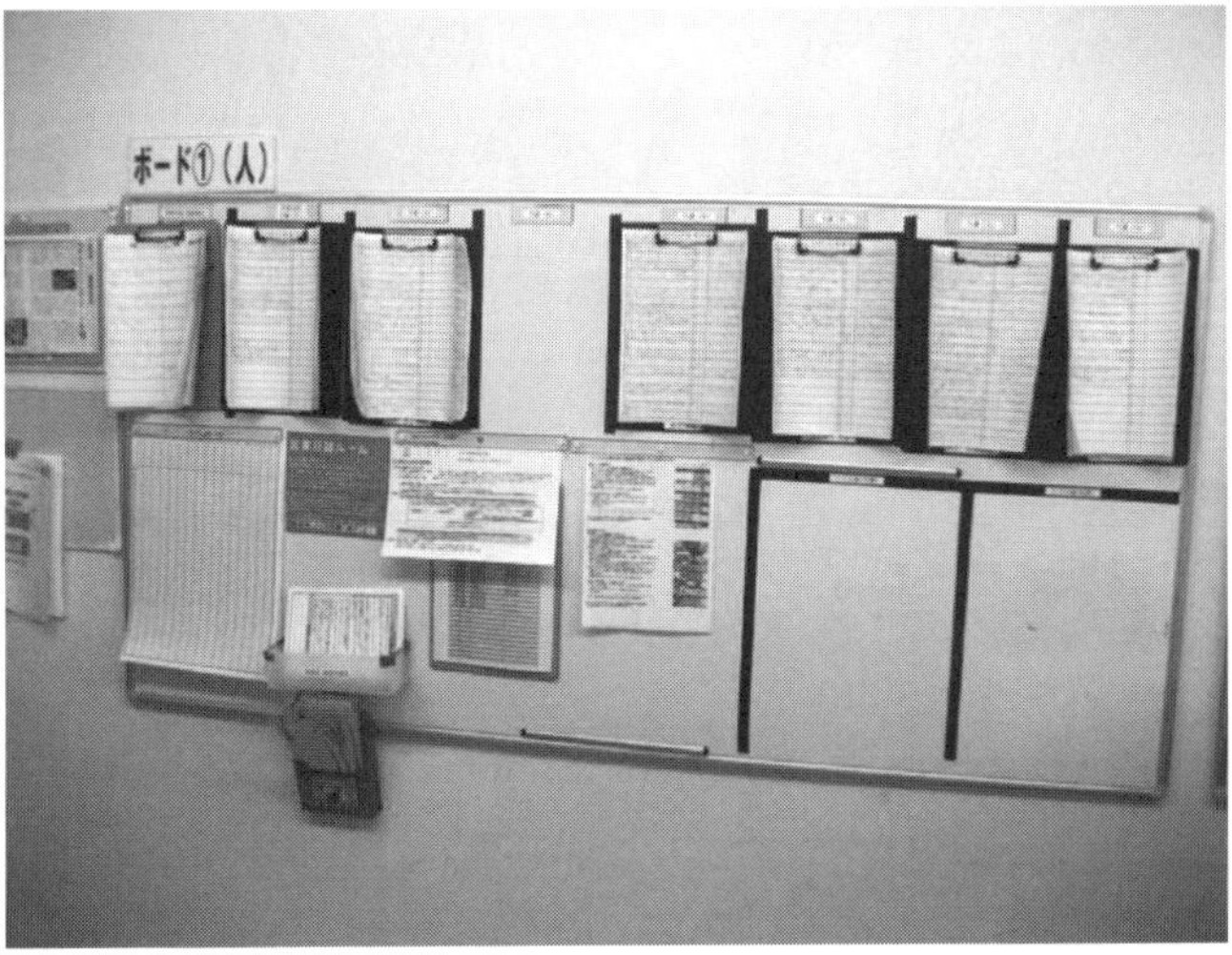

バックスペースにチェックリストを貼り出しておくと意識も変わる

ポイント

店舗チェックシートは壁に貼ると意識が共有しやすい。
改善点や要望を書いてチェックする。
内容は適宜見直していく。

8-4 ミステリーショッパーで自店のレベル数値化する

●ミステリーショッパーとは

接客などの店員レベルのチェックをする際に役に立つのが「ミステリーショッパー」です。

ミステリーショッパーとは、店員に告知せずに店舗レベルを調査する方法です。この調査方法は評価者のレベルによって結果に差が出るので、専門のコンサルタントに依頼して調査している店舗も多いようですが、小さな店舗ではアルバイトでも十分できます。

実施の手順は次の通りです。①評価項目を決める、②アルバイト調査員を募集する、③アルバイト調査員に評価手法について講義する、④実際に店舗チェックを行う、⑤評価を集計する、⑥評価店舗にフィードバックする、⑦フィードバックされた情報を基に改善策を実施する、⑧期間を空けて再度、店舗チェックを行う、という流れで行います。

ミステリーショッパーとは要するにスタッフに気づかれずに、お客様の目線で接客を中心にした店舗レベルを評価する手法で、調査員はできるだけ素人のお客様目線を持った人が適任です。ですから、調査を行う際には調査のためだけの新しいアルバイトを雇って行うのがいいでしょう。

●評価項目を決める

まず評価項目を作成します。新しいアルバイト調査員にチェックをお願いするので、知りたい項目について具体的に決めておきます。たとえば「店員さんの笑顔」について、入口に入ったときから「気持ちのよい笑顔での接客があった」などの具体的な項目で評価レベルを1点～5点でつけます。評価項目はできるだけ簡単に評価できてわかりやすい内容にします。接客だけでなく売場の陳列状況やクリンリネス、品揃えについてもチェックできるところはチエックしておきます。

調査をお願いするアルバイトは自店を最もよく使ってくれているメインのターゲット層から選びます。年代もメインの年代の比率を60％、上下世代20％ずつ程度が理想です。できるだけ利用者層と同じ構成の調査員を選ぶことです。

ミステリーショッパーの調査項目を決める

分類	項目	チェックポイント	コメント	ポイント
店舗外・入口周り	のぼり・外部サイン類	「のぼり」を出すべき本数出している		1 2 3 4 5
	お客様駐車場状況	クリンリネス、ゴミ雑草があるべき状態で保たれている。ゴミ捨て場の裏もきれいに保たれている		1 2 3 4 5
	業務車両、風除室管理状況	車内のクリンリネス良好、扉、床などのクリンリネス、POP類も良好		1 2 3 4 5
	店舗入口告知	イベント告知、日焼けPOPの有無		1 2 3 4 5
	店舗入口付近	自販機まわり、ガラスのクリンリネス、軒下のクリンリネス		1 2 3 4 5
	店舗側面や建物裏側	見えないところでも放置物がない。クリンリネス、雑草、ゴミなどの状況		1 2 3 4 5
主力部門	商品ボリューム	売り込みたい商品は厚みを持って陳列されており、ボリューム感を演出している		1 2 3 4 5
	商品の品質・鮮度管理	価格は価値に見合うものであり、適正であり、長期滞留品対策ができている		1 2 3 4 5
	売場のクリンリネス	蜘蛛の巣の有無、床の状態、ゴミ、商品の埃、什器配列、陳列の乱れ、POPの乱れなど		1 2 3 4 5
	売場の工夫	POP、ディスプレー、変化感の工夫があり、飽きのこない売場になっている		1 2 3 4 5
	買取訴求	単品ベースで買取の訴求をしており、強化買取が一目瞭然で、売る気にさせる工夫がある		1 2 3 4 5
主力部門	商品ボリューム	売り込みたい商品は厚みを持って陳列されており、ボリューム感を演出している		1 2 3 4 5
	商品の品質・鮮度管理	価格は価値に見合うものであり、適正であり、長期滞留品対策ができている		1 2 3 4 5
	売場のクリンリネス	蜘蛛の巣の有無、床の状態、ゴミ、商品の埃、什器配列、陳列の乱れ、POPの乱れなど		1 2 3 4 5
	売場の工夫	POP、ディスプレー、変化感の工夫があり飽きのこない売場になっている		1 2 3 4 5
	買取訴求	単品ベースで買取りの訴求をしており、強化買取が一目瞭然で、売る気にさせる工夫がある		1 2 3 4 5
売場全体評価	入口正面の状況	ウェルカムボードが機能している。旬の商品展開がなされている		1 2 3 4 5
	店内照明、店内環境	照明は全部ついている。部門サインはわかりやすい。室温管理はルール通り適正		1 2 3 4 5
	お客様向けお持ち帰り物	社長行きハガキがある、レジビラを渡している、自由に手に取れるハンドビラがある。		1 2 3 4 5
	買取りの告知状況	随所に買取の告知があり、何を買取強化しているか明白である		1 2 3 4 5
	商品の品質・鮮度管理	価格は価値に見合うものであり、適正であり、長期滞留品対策ができている		1 2 3 4 5
	売場のクリンリネス	蜘蛛の巣の有無、床の状態、ゴミ、商品の埃、什器配列、陳列の乱れ、POPの乱れなど		1 2 3 4 5
	売場の工夫	POP、ディスプレー、変化感の工夫があり飽きのこない売場になっている		1 2 3 4 5
	買取訴求	単品ベースで買取りの訴求をしており、強化買取が一目瞭然で、売る気にさせる工夫がある		1 2 3 4 5
	万引き防止	万引き防止POP類、防犯ゲートの正常作動、目配りも行き届いている		1 2 3 4 5
レジ・カウンター	声出しによる営業感の演出	皆が元気よく挨拶、オウム返しもOK、マイクアナウンス頻繁に実施		1 2 3 4 5
	挨拶の礼儀作法	姿勢よくお辞儀、笑顔で接客、お待たせしていない、用語も正しく言っている		1 2 3 4 5
	リーダーの陣頭指揮	店長社員スタッフなどの店の中心者が売場カウンターで現場指揮をとっている		1 2 3 4 5
	精算時・オペレーション	価格、アイテムを読み上げてレジ打ち、両手で授受、ポイントカード声かけ		1 2 3 4 5
	買取時売込、販売時接客	「……お待ちいただきありがとうございます」を100%言っている		1 2 3 4 5
	買取時売込、販売時接客	必要な接客を行い、売りに来たお客様が気持ちよく感じられるような言動が出ている		1 2 3 4 5
	レジドロア管理状況	レジ現金の差異0、不明の現金や長期保管の伝票なし		1 2 3 4 5
	レジカウンター状況	お客様側から見て、きれいであり必要な情報がすべてわかるようになっている		1 2 3 4 5
	カウンター内・作業場状況	整理整頓、クリンリネス、商品ストック管理状況、備品管理状況		1 2 3 4 5
清掃	バックヤード商品管理状況	バックヤードに商品を貯めていない、旬の商品は全部売場に出ている。整理整頓されている		1 2 3 4 5
	備品管理状況	備品、工具類は正しく整理整頓、管理、多すぎず少なすぎず適正である		1 2 3 4 5
	トイレ清掃状況	便器から流し台まで清潔で不快感がなく、備品類も適切に揃っている		1 2 3 4 5

8-5 ミステリーショッパーのやり方

●調査内容を説明する

最初にアルバイト調査員には調査内容について説明する講義を行います。調査項目について一つひとつ丁寧に説明します。項目ごとに「何のために調査するのか」を聞いてもらいます。

たとえば、「笑顔」では、店舗として「気持ちのいい接客を目指している」ことを伝えます。笑顔にもいろんな笑顔がありますが、調査の目的を伝えることで目的に沿った調査結果が期待できます。

そして、必ず評価の理由のところで、目的に対しての感想を記入してもらいます。また、調査員はいつも店舗を利用してくれているお客様と同じですので、この段階で調査員に店に対する意見があれば項目に反映させます。調査員の意見は常日頃、自分達が気づいていない点を指摘してくれることが多いので参考になります。

●調査結果は公開して議論する

評価項目についての理解が得られれば、実際に店舗チェックをしてもらいます。店舗チェックは平日と日曜、祝日を分けて行うのが理想です。

特に接客チェックは平日の閑散期と土日の繁盛期を比べると、そのレベルが違うことが多いので、どのように違ったかを見てもらいます。店舗が数店ある場合は、1～2週間の期間内に全店行います。

調査終了後、調査シートの内容をまとめて、調査員を交えて調査結果について吟味します。調査から出てきた改善点について店舗スタッフと話し合いをしながら、改善項目を決定していきます。

改善案に沿った改善期日を設定して、期日を過ぎた時点で再度、同じミステリーショッパーを行います。この際、同じ調査員が同じ店舗を調査しないようにします。短期間に同じ調査を繰り返すことで店舗レベルの向上が見込めます。

ミステリーショッパーで得られた調査結果はスタッフに公開して議論してもらいます。その際、調査者のアルバイトを交えて意見交換すると、より内容の濃いものになります。

調査結果は全員で共有しよう

8-6 ビデオ撮影による接客調査

●ビデオ撮影でありのままの接客がわかる

ミステリーショッパーの方法のひとつにビデオ調査があります。調査方法は簡単で、実際に接客しているところをビデオで撮影するのです。調査前にどんな場面を撮るのか、「設定（シナリオ）」を決めてスタッフの対応を見ます。この際、わざとクレームをつけるお客の役を設けたりして、店員がどういう反応を示すのかを見ることもできます。

ビデオを使った調査は実際の音声や表情までもが、後で見てとれるので接客について具体的に改善しやすいことがあります。ビデオ調査を行ったら、スタッフとビデオを見ながら接客について話し合います。ずさんな対応をしていた店員は、そのままの接客対応が知られてしまうので言い訳がしにくく、改善点に素直に耳を傾けてくれます。

●接客調査は接客の緊張感を持つ意味も

総合リサイクルショップは接客の悪いイメージが強いようです。そこで、私の支援先でビデオを使った接客調査を行いました。その結果、ビデオで撮影した接客は「まかりなりにもいい接客」ではありませんでした。

これまでも社長はスタッフの接客について問題意識を持っていましたが、「どこが悪い」という指摘がなかなかできませんでした。

しかし、ビデオを使った接客調査を行うことで、「誰の、ここがよくない」また「誰の、ここがいい」と具体的にビデオを見ながら話すことができました。接客について「私はできています」という頑固なスタッフも、実際に自分の表情や声音までわかるビデオの前では何もいうことができませんでした。

また、具体的に商品や状況も判断しやすく、見ているほうも「アドバイスがやりやすい」というメリットがあります。

また、ビデオ調査実施後は「いつ調査があるかわからない」という意識が生まれます。定期的にビデオ調査を行い、スタッフで吟味することで、接客に対する緊張感が出るようです。

緊張感を保つのにも役立つ調査

8-7 客道線調査で売場をチェック

●道線チェックで自店を知る

自店の売場をチェックする方法として道線チェックがあります。来店したお客様の行動を追跡して、お客様がどの売場に立ち寄り、どの商品を手に取り、どの商品を購買したかを把握して、売場や店舗のクセをつかむことができます。

調査方法ですが、まず、自店のレイアウトを作成します。小さな店舗なら手書きで簡単にできますが、１００坪以上の大型店は店舗開発時の図面などを活用します。レイアウトを作成したら、来店したお客様の店内での行動を気づかれないように追跡します。

入店してどの売場に立ち寄ったのか、商品を手に取ったのはどの売場かをレイアウトにつけていきます。立ち止まった時は△、手に取ったら○、購買したら◎など記号を使ってお客様の行動がわかるようにしておきます。サンプルは１００人くらい取るといいでしょう。

●店舗のクセに合わせて回遊性を高めよう

道線調査を行ってみると自店のクセがわかってきます。人間は左、左に曲がっていくクセがあるのですが、実際にはお客様が流れる方向は店舗の売場づくりによって異なります。

また、主通路を大きくとり、店奥へとお客様を誘導したいと思っていても、結果的にはお客様は方向違いの売場へと流れていることがよくあります。これは店舗のつくりや雰囲気によるものが多いようです。セオリー通りのレイアウトにこだわるのではなく、お客様の動きに合わせてレイアウトを変更していくほうが、お客様の流れはよくなります。

店舗の売上を上げるには、できるだけお客様に店舗を長く回ってもらうことが理想です。道線調査を行うことでお客様の回遊性を高める施策をつくれます。お客様が迷っている売場では、誘導や表示板の設置も検討します。

お客様の立ち止まる場所は店舗の一等地です。道線調査を行うと意外なところが一等地になっていることも多いので、一等地には主力商品を置くように売場変更を行います。

道線チェックでお客様の回遊性を高めよう

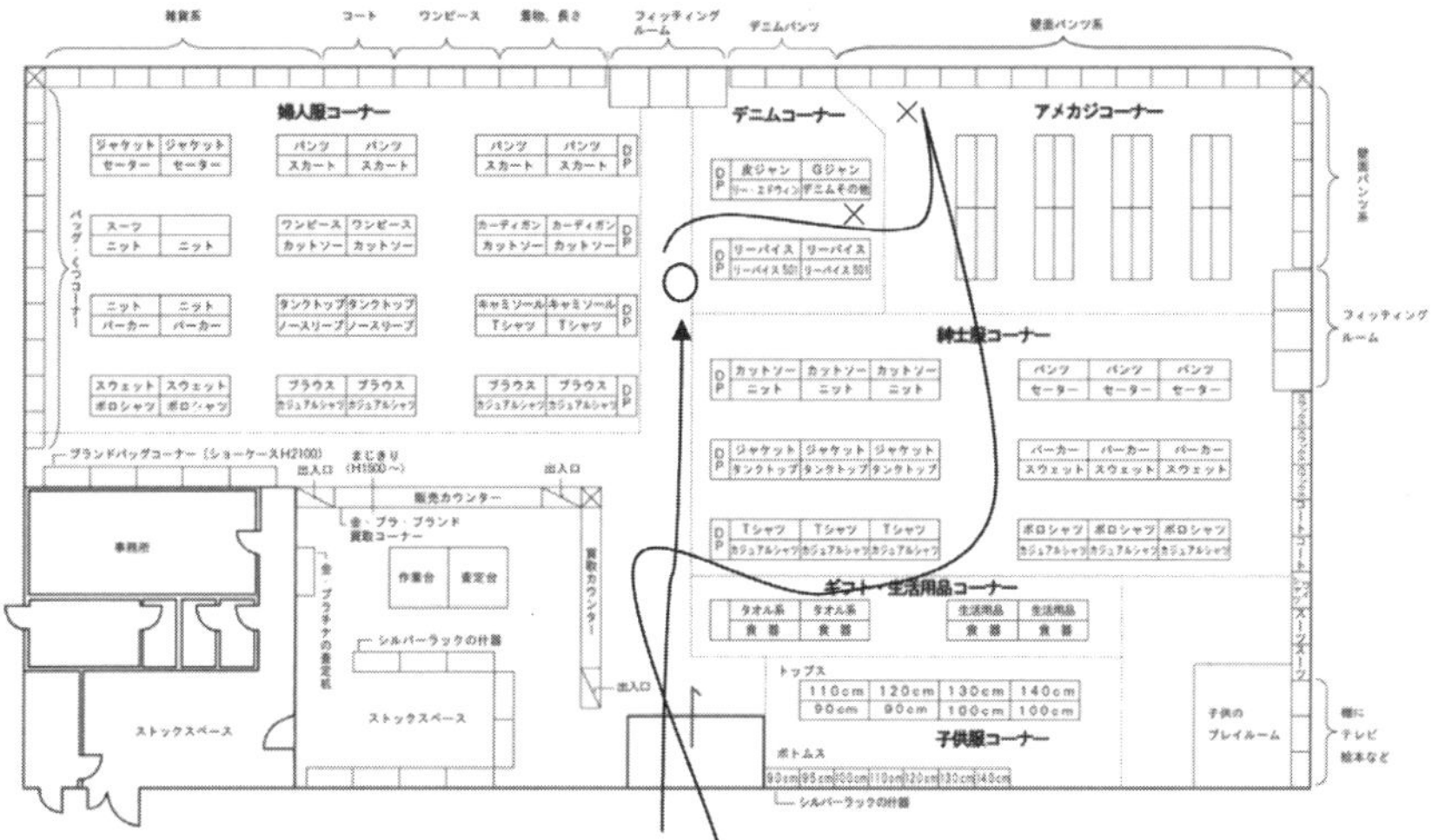

○は購入、×は立ち止まった位置など記号を決める。
たくさん立ち止まる、購入する位置が一等地。
立ち寄らないところがデッドゾーン。

●道線チェックと売場改善の流れ

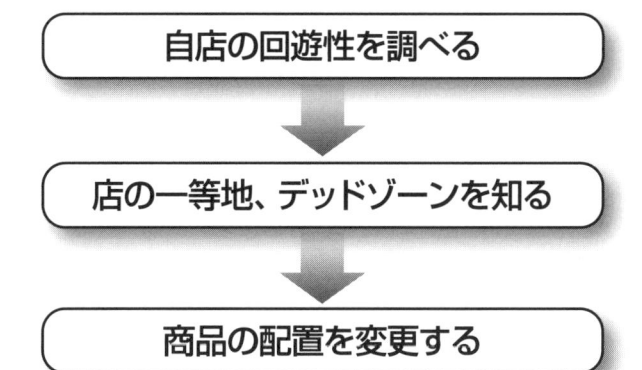

自店の回遊性を調べる

↓

店の一等地、デッドゾーンを知る

↓

商品の配置を変更する

8-8 店頭出口調査で自店の魅力を調べる

●お客様に直接聞く方法

自店に来店されているお客様に出口でヒアリングするのが「店頭出口調査」です。自店への来店理由やどんな商品を買いに来たのかを「出口」でアンケート調査します。何を買いに自店に来たのかがわかれば商品施策に反映できますし、逆に買うつもりで来たのに買わなかった商品があれば、その理由を知り改善策を検討します。

ポイントはできるだけ商品について具体的に聞くことです。店頭出口調査はお客様に直接、自店について聞くことができます。できるだけ具体的に要望や商品について聞いてみます。たとえば、衣料品の店舗ならば、「どんな商品を買ったのか」「色」「ブランド」など、購買決定の理由を聞きます。消費者からの情報を分析してバイヤーが仕入れの参考とすることができます。また、お客様に直接ヒアリングすることで、自店についての満足度を判断することができます。

●出口調査のやり方

店舗出口で調査するスタッフを配置します。店舗の規模にもよりますが、50人～１００人のサンプルを抽出するには開店から閉店まで3人以上のスタッフを配置するのがよいでしょう。

調査は平日の1日で行います。実際に商品を購入していただいたお客様に「アンケートお願いします」と声をかけます。アンケートに答えていただいたお客様への景品や特典を忘れないようにしましょう。

アンケート用紙は事前に用意しておきます。アンケートは立って行うよりも座って聞いたほうが本音を聞き出しやすいので、椅子と机を準備するのもよいでしょう。

調査結果は集計して「自店に何を買いに来ているのか」、逆に「買うつもりで買わなかった理由」、「接客が悪かった」や「商品の鮮度が悪かった」など理由を書き出します。調査結果は集計して自店の強みや弱みを分析します。特に多くのお客様が「自店に何を買いに来ているのか」を知ることで、自店に期待されていること、自店が他店と比べて「信頼」されている点を改めて知り、商品施策や売場づくりに反映していきます。

出口調査でのアンケート用紙

●リサイクルショップの例

本日はリサイクルショップ○○にご来店ありがとうございました。
当店ではお客様の満足を高めるためにアンケートを実施しております。
ご協力をお願いします。

設問1）本日来店するきっかけは
・チラシを見て　・看板を見て　・通りがかり
・買いたいものがあった
・その他（　　　　）

設問2）買いたいものがあったとお答えのお客様へ
何を買うつもりでご来店されましたか？
・家具・家電・衣料・ギフト・雑貨・ブランド・釣具
・おもちゃ
・その他（　　　　）

設問3）買いたいものはご購入されましたか

設問4）商品を買った理由、買わなかった理由を教えてください
・買った理由
・買わなかった理由

設問5）本日、買うつもりはなかったが買った商品（衝動買いした商品）はありますか

設問6）衝動買いした理由を教えてください

設問7）自店以外でよく利用するお店があれば教えてください

8-9 スタッフヒアリングでわかる店舗の現状

●スタッフの思いを知る

店舗改善を行う際に、目標とする店舗像を調査から提示することは簡単なのですが、実際に働いているスタッフが目指している店舗のイメージや現状の「できること」からかけ離れた内容では、実際に店舗改善を実行するのは難しくなります。

そうしたスタッフや従業員の思いを知るためのスタッフヒアリングは欠かせません。店舗改善を行う時にはスタッフから会社のイメージや労働環境、売場や店舗などについて聞いてみます。スタッフヒアリングにはいくつかの手法がありますが、大きく3つの手法を活用していきましょう。

それは、①アンケート記入方式、②個別面談方式、③グループディスカッション方式です。スタッフの意見を吸い取る仕組みを持つことは店舗のモチベーションを知るための仕組みを持つことです。

●3つの手法でスタッフのモチベーションを知る

①のアンケート記入方式は、まず全体の問題点を把握するために行います。質問項目に対する答えを集計して比率化し、問題を従業員にフィードバックして会議などで話し合います。会社や店舗の抱えている問題を総合的に判断できる手法です。

②の個別面談方式は個別に感じていることや思っていることを話してもらいます。なかなか本音はいいにくいものですが、話し合っているうちに意外な事実が出てくることが多く、店舗の人間関係など情緒的な面がわかったりします。

③のディスカッション方式ですが、自店の強み、弱みを話し合ってもらったり、店舗や事業改善案を考えてもらう際に、スタッフみんなの意見を出してもらいます。意見が活発に出やすく方向性を決めていくために適した手法です。

①は年1回、②は毎月、③はプロジェクトの稼動時という具合に使い分けます。3つの手法を使いスタッフのモチベーションを知る工夫をします。

スタッフヒアリング調査

●ディスカッション方式の用紙

名前	担当部署	意見	対応

●個別面談方式の用紙

スタッフさん対面調査（　月　日　）

設問1）今、一番困っていること

設問2）店舗で改善したらいいと思う点

設問3）人間関係について

設問4）お客様の要望などで、感じていること

設問5）設備面での改善項目・要望

設問6）その他

8-10 自店のよさを再認識するお客様アンケートの活用

●自店のよさを知る方法

自店のよさを見つける調査は様々な形であります。他店舗展開しているならば、自店の店舗同士を比較して、繁盛している自店をモデルに店舗を変えていく手法やチェックリストを使った店舗診断など自店を知る努力は大切です。しかし、調査は自店の欠点ばかりあぶり出してしまい、なかなか自店のよさを認識するのは難しいものです。

自店のよさを簡単に知る方法がお客様アンケートです。特に自店の長所を知りたい場合にはアンケートに工夫をします。通常のお客様アンケートに必ず「お褒めの言葉を集めています」という欄をつくり、お客様に自店のよいところを見つけてもらいます。お客様モニター制度と同じような取り組みですが、来店してくれるたくさんのお客様が対象なので幅広い意見を集めることができます。

●アンケート結果は店舗に貼ろう

お客様のお褒めの声を集めるとよく出てくるのは、店員の接客態度を褒める内容です。「○○さんはいつも笑顔で気持ちいい」や「○○さんは親切な対応をしてくれた」などです。こうしたスタッフへのお褒めの言葉を、バックヤードなどに貼っておくとスタッフのやる気アップにもつながります。また、よくお褒めの言葉をいただく店員は店舗にとっての長所といえます。長所は他の店にも広めて真似てみることが大切です。お褒めの言葉の多い店員に朝礼や会議で話してもらい、接客手法や考え方を聞いてみることで店舗全体の接客レベルが上がっていきます。

また、店頭の品揃えや陳列などの気づいた点やよかったところを聞く項目を設けると、自分たちが気づいていなかった視点での意見がたくさん出てきて、自店の品揃えや店づくりがお客様にどう映っているのか知ることができます。

お客様は厳しい調査者であり、頼りになるアドバイザーです。聞き方次第で自分たちの気づいていないよさを教えてくれます。お客様アンケートの項目は自店の長所を知るために工夫していきましょう。

自店の長所を知るお客様アンケート

平成　　年　　月　　日

【お客様アンケート】

本日は『○○』にご来店いただきまして、誠に有難うございます。今後も皆様によりよいサービスをご提供するためにアンケートをお願いしております。無記名で結構ですので、ご協力をお願いします。

■お客様のことをお教え下さい。
①お住まい：(　　　　　　　　　　　　　)……例）港区赤坂
②性別：　女性　・　男性
③年齢：10代・20代・30代・40代・50代・60代・70代・80代

商品を売るのは初めてですか？
①初めて
②他店での経験有り：(店舗名：　　　　　　　　　　　　　　　　　　　)
・総合リサイクルショップ　・ジュエリーやブランド専門リサイクルショップ
・質屋　・その他（　　　　　　　　　　　　　　　　　　　　　　）

お店の雰囲気はいかがですか？（複数回答可）
①抵抗なく入店できた　②明るい　③暗い　④狭い　⑤落ち着かない
⑥思っていた雰囲気と違う（具体的に　　　　　　　　　　　　　　　　）
⑦その他（　　　　　　　　　　　　　　　　　　　　　　　　　　　）

■スタッフの対応はいかがですか？
①非常によい　②よい　③普通　④悪い　⑤どれでもない
※④をつけた方にお聞きします。改善すべき点をご記入ください。
(　　　　　　　　　　　　　　　　　　　　　　　　　　　　　　　　)

■サービス内容はいかがでしたか？
①非常によい　②よい　③普通　④悪い　⑤どれでもない
※④をつけた方にお聞きします。改善すべき点をご記入ください。
(　　　　　　　　　　　　　　　　　　　　　　　　　　　　　　　　)

■お店のいいところを教えてください！　例）「家電が安い！」

※ご協力ありがとうございました。またのご来店をお待ちしております。

9章

飲食業の競合店調査

9-1 飲食店の売上予測

●競合店の売上予測をする

飲食店やサービス業の競合店調査も小売店・物販店の調査と同じように、売上予測と地域でのポジショニングの確認からはじめます。ある喫茶店チェーンのオーナーが毎日行っていた競合店調査は、「同じ時間の客数を見ること」です。同じ時間に従業員に競合店のお客様の入りを見に行かせて、毎日「勝った、負けた」と競い合っていたそうです。強烈な競争意識ですが、毎日が勝負の商いではそれくらいの競争意識は必要だと思います。

飲食店の売上予測で簡単にできるのは、店舗の席数を数えてピーク時、アイドルタイムのお客様の入りを予想して回転率を出す方法です。

「売上＝満席時の客数×１日の回転率×客単価」でだいたいの売上予測を出すことが可能です。このほかにも、最高日販×繁盛店指数（超繁盛店２２０、繁盛店１８０、平均店１５０、不振店１２０）や、ＭＳ×商圏人口×シェアでの売上予測も行います。競合店の売上予測と自店の売上とを比較して、地域でのポジショニングを確認してください。

●競合店のピーク時の客数を数える

また、直接競合する店舗については、日々の売上推移を確認する意味で一定時間のお客様の入りをできるだけ毎日確認します。そうすると、先の喫茶店チェーンのオーナーのように毎日の客数の推移を確認して「勝った、負けた」を判断することは容易にできます。特にピーク時とアイドル（閑散時間）のお客様の入りは確認しておいたほうがいいでしょう。なかなかピーク時に競合店の動きを見に行くことは難しいのですが、売上の勝負を決めるのはピーク時です。昼であれば12時～13時の間、夜なら19時～21時の間の客数で勝負が決まります。店舗に入っての客数調査は難しい場合は、店舗の外で入店する客、出店する客数を数えることで来客数を推測します。飲食店は日々のお客様の入りが勝負であり、競合店と自店の客数の推移を毎日記録するくらいの気概があれば必ず地域1番店になれるはずです。お客様を一人でも多く呼びたいという競争心が繁盛店づくりの一歩になります。

競合店の客入りを調査する

9-2 メニューMD調査

●価格とアイテムの関係を調べる

飲食店の調査の中で重要なのがメニュー調査です。メニュー調査ではメニューの種類と価格の相関関係を調べます。特にメニューMD調査では「価格・アイテム表」を使い、競合店はどれくらいのアイテム数を持ち、どれくらいの価格幅と価格帯を中心に揃えているのかを確認します。調査は店に入ってメニューをチェックして表に落とし込みます。価格は飲食業によって異なりますが、表のように１００円、１４０円、１８０円、２２０円、３００円、４００円……という具合にだいだい１・３倍の区切りで設定しておきます。

調査結果から価格とアイテムの割合を線グラフにて確認すると中心価格帯を山にした価格分布が出てきます。この価格分布に対して、自店が競合店よりも安さを認識してもらいたければ左に山を移します。逆に競合店よりも自店のほうが強い場合は、競合店と価格の山を合わせるか、逆に右よりの価格構成にして客単価をとる戦略に出ます。

●割安感を演出する戦略

自店が競合店よりも後で出店する場合や、立地で不利な場合は価格帯を左より（低価格）に構成し集客アップを狙い、資本力やブランド力で勝っている場合は山を同じにするか右より（高単価）にすることで客単価アップを狙います。回転寿司チェーンなど、価格での差が出しにくいところでは「ボリューム価格帯」の価格構成を競合店よりも多く見せるなどで割安感を演出できるかが勝負です。大衆向けの飲食店ではメニューの価格構成で「割安感」を演出できるかが競合店との差別化要因になります。差別化ポイントになるメニューの価格とアイテム分析をすることで見た目の価格差を演出します。

また、メニューから平均客単価の分析も行います。寿司なら大人の男性・女性が何皿食べるのか、居酒屋ではビール1杯＋主要メニューの注文数を推測することで平均客単価を予測します。平均単価＝中心価格帯×6（平均注文数）でも単価は算出できます。平均客単価の高い、安いも店舗の安さ感の違いとなります。

メニュー調査をして、価格分析する

●居酒屋　フード調査の例

			100円	140円	180円	220円	300円	400円	500円	670円	800円	1000円	1400円	合計点数
	A店	点　数	2	7	1	33	53	1			1	1	1	100
		構成比	2.0%	7.0%	1.0%	33.0%	53.0%	1.0%			1.0%	1.0%	1.0%	
	B店	点　数			3		9	24	4	1		3		44
		構成比			6.8%		20.5%	54.5%	9.1%	2.3%		6.8%		
	C店	点　数	2	7	14	22	26	1	1					73
		構成比	2.7%	9.6%	19.2%	30.1%	35.6%	1.4%	1.4%					

●価格分布

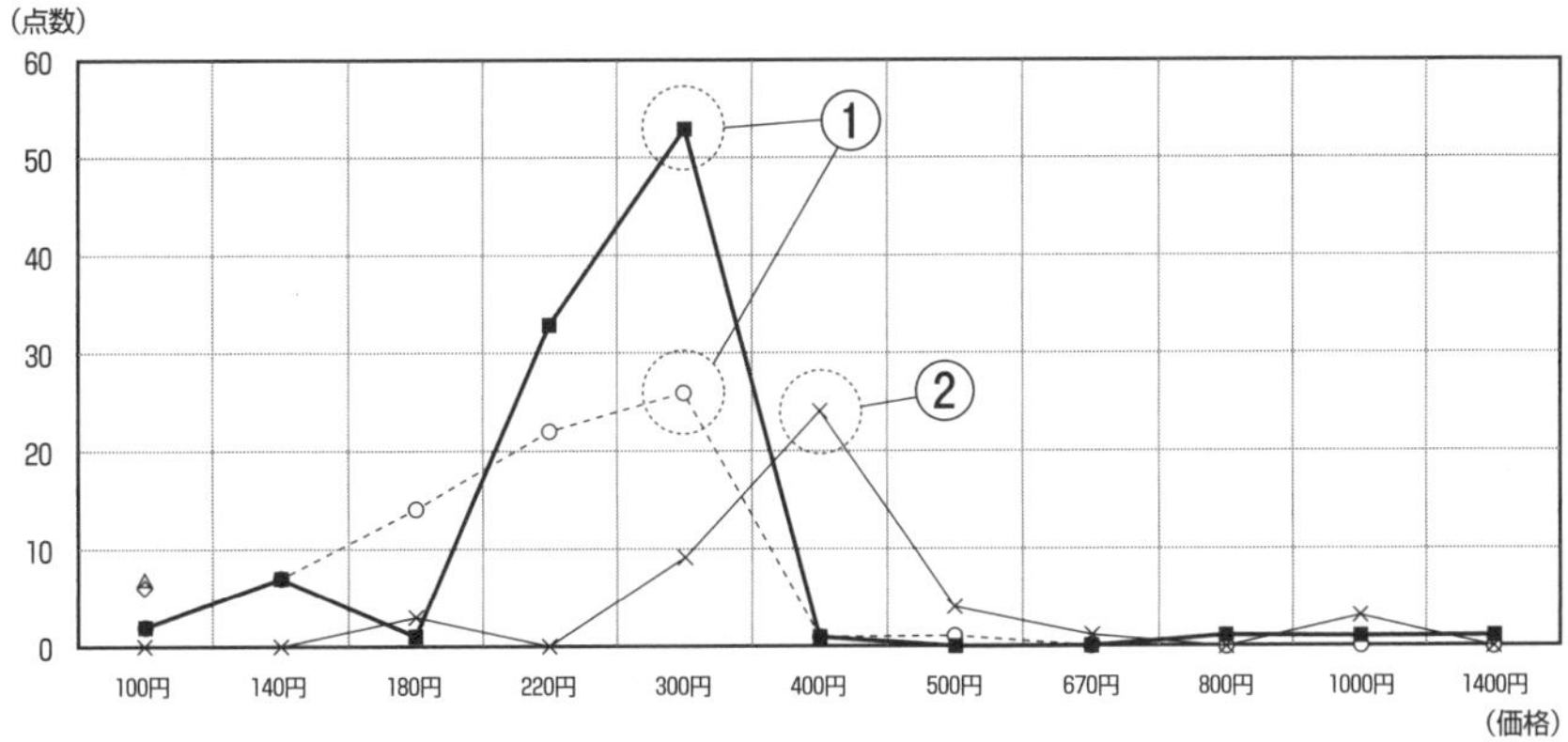

①A店とC店は、中心価格帯を300円帯にもってきている。
②一方、B店は、400円帯が中心価格帯であり、予算は高めの設定となっている。ただし、価格帯とアイテム数はバランスよく配置されている。

9-3 商品力（ボリューム）調査

●ボリュームを見る

飲食店の商品力調査は見た目のボリューム感を調べることです。ボリューム感を調べることで、価格と価値の妥当性を調べます。飲食の商品で価格は安いけれど、グラム当たりの価格に換算するとそれほど安くない、という商品はたくさんあります。飲食店の商品調査ではボリューム感と味が価格と釣り合っていれば価値のバランスがとれているといえます。

商品の価値は価値／価格で表されます。商品に価格以上の価値があるとお客様が認識した時に初めて価格に納得されるわけです。飲食店の場合、この価値を判断する基準のひとつにボリューム感と味覚があります。味覚に関しては情緒的な部分も多くあるのですが、ボリューム感の演出は「グラム（重さ）、長さ、幅、厚み」などで計ることができます。

調査の方法としては、競合店の商品を実際に注文して量や長さを計測します。持ち帰りが可能ならば商品を持ち帰るといいでしょう。ラーメン店などカウンターで調べにくい場合は見た目のボリュームと入っている材料の種類と数を数えます。

●価格だけでないボリュームで判断する

ある居酒屋チェーンの焼き鳥を調べた際、近隣の居酒屋よりも10％程度安く商品提供されていました。メニュー・価格調査では競合店の割安感が目立ったのですが、ボリュームを見てみると量（グラム数）でも近隣店より10％程度少なくなっていました。比べてみると見た目のボリューム感がなく食後の満足感に欠けます。自店では近隣の競合店よりも量を30％多くして価格を揃えました。最安値の店は早々に撤退し、自店は価格の割に量（ボリューム感）がある店として地域での繁盛店になりました。

飲食店では価格だけではないボリューム感も繁盛のポイントです。また、単なる価格だけで判断すると価格施策で失敗することもありますので、商品のボリューム感や味など総合的に判断して、価格を決定することが重要です。

ボリュームを調べる

9-4 飲食店の店頭調査

●店頭と店内を調べる

最近の飲食店では価格や商品力だけではなく店舗の雰囲気、演出も重要です。入店の際の決定要因にもなる店頭看板など、店舗の雰囲気を決める店頭の訴求力についても調査します。特に①看板、②入り口、③価格・メニュー表、④サンプル陳列、⑤個室とカウンター、テーブルの比率、⑥実演機能、⑦物販（持ち帰り商品）の有無などを調べます。

店内の雰囲気は業種によって異なりますが、フォーマルなイタリアンやフレンチなどは高級感を、カジュアルなファミリーレストランや居酒屋などは賑わい感や安心感を重視した、ターゲットに合わせた店づくりがなされているかを調べます。店頭についてはできるだけヴィジュアルを見ていきます。外観や店頭はイラストなどで見れるようにしておき、店内の雰囲気は照明や色彩などを確認します。

レイアウトは店内で手書きしておき、後で図に起こして資料にします。店舗の雰囲気は店頭のチェックリストを使い総合的に判断し、自店との比較を行い、自店に足りない部分については対策を検討します。

●演出力で勝つ

ある居酒屋チェーンでは店舗調査を基にして店舗リニューアルを計画しました。たとえば、競合店の席数配置で⑤個室の比率が少ない場合は個室を増やしたり、⑥効果的な実演機能を付加したり、⑦物販（持ち帰り商品）の販売でも競合店を意識した変更を行います。店舗が目立つかどうか、高級感や賑わい感、安心感の演出は十分かどうか、店頭調査を行いチェックします。

また、飲食店で重要な集客要素になる看板や店頭でのメニュー訴求なども看板製作会社などと打ち合わせの結果、大幅にリニューアルしました。最近よく目にする主力単品を写真で表現して来店促進を進めたり、のぼりの数を競合店よりも多く出したり、店頭での訴求力のアップが直接的に集客に結びつきます。店頭で店の雰囲気を伝える写真も有効です。メニューや主力商品の打ち出しなど競合店よりも目立つように演出します。

店頭調査のチェック項目

	項目	満点	得点
1	何の店かがはっきりわかる店名である	5	
2	遠くからでも何屋かわかる看板やのれんがある（存在感）	5	
3	他店との差別化要素が伝わる店頭づくりができている	5	
4	店内の様子がうかがえ、入店しやすい入り口である（安心感）	5	
5	店頭からメニュー予算がわかる（安心感）	5	
	店頭合計	25	
6	店内およびお客様用トイレは清潔で掃除が行き届いている	5	
7	店内の照明が十分明るく、賑わい感が伝わりやすい	5	
8	店内においしそうな香り、調理の音がしている	5	
9	客席からオープンキッチンの調理の本物感が伝わる（シズル感）	5	
10	間仕切りがなく、お客様の顔が見え、賑わい感がある	5	
	店内合計	25	

ポイント

店舗の存在感や安心感、高級感があるかどうかを店舗調査で比較する。

9-5 カテゴリー調査

●カテゴリーを見る

居酒屋やファミリーレストランなどメニューカテゴリーの多い店舗ではどのカテゴリーが多いか調べます。カテゴリーは小売店の部門のようなものです。最もアイテム数の多いカテゴリーが、競合店が力を入れている部門と判断できます。商品と価格だけを調べてみても、カテゴリー別でみていかなければ競合店の価格政策がわかりません。

たとえば「うどん・そば」チェーンのメニューを調べた際、カテゴリーを①うどん単品、②そば単品、③きしめん単品、④煮込み商品、⑤定食・膳、⑥丼もの、⑦１品もの、⑧ごはん・汁物、⑨デザート、⑩その他、で分けて分析します。構成比で見ると②の単品が24％と1番多く、価格は８００円以下です。これだけ見ると割安感は単品もので構成されています。ただし「うどん・そば」のチェーンは昼の定食が勝負です。⑤の定食・膳ものは構成比で22％と次に多く、価格も８００円〜１４００円に分布しています。

●主力商品を強く打ち出す

競合店のカテゴリー別でメニューを分析すると価格分布では主力商品で８００〜１４００円になります。全体の価格とアイテム構成による割安感の演出とともに重視しなければならないのが「主力カテゴリーの商品量と価格戦略」です。ただし「うどん・そば」チェーンの主力商品である⑤の定食・膳は競合店で19品目です。自店では競合店よりも品揃え感を出したいので、１・３倍以上の24品目のメニューを用意して、競合店に差別化する戦略をとりました。価格も主力品目について競合店よりも1ランク下げました。結果、定食のリピート率では競合店の集客を上回っています。メニュー構成の分析はアイテム・価格調査と、バリエーションの調査を組み合わせることで明らかな差を生み出すことができます。また、ドリンクメニューで差をつけたい場合もソフトドリンク、カクテル、日本酒、焼酎、ワイン、ビール、洋酒（ウィスキー、バーボン他）などのカテゴリーのどの部分のアイテム数を多くするかが店の特徴になります。

カテゴリー別にメニュー単品を調査する

●うどん・そばチェーン店のカテゴリー・メニュー調査の一部

価格帯	点数	構成	うどん単品		うどんセット		そば単品		定食・膳	
		比	商品名	価格	商品名	価格	商品名	価格	商品名	価格
500	1	3%	手延べセイロうどん（1枚）	630						
670	1	3%					セイロそば（1枚）	756		
800	10	25%	手延べセイロうどん（2枚）	892						
			民芸ちゃんぽんうどん	934						
			長崎ちゃんぽんうどん	997						
			ピリ辛ちゃんぽんうどん	997						
			民芸皿うどん	997						
			黒酢の酸辣スープうどん	997						
			ジャジャ麺風 肉味噌うどん	997						
			生ゆばの和風あんかけうどん	997						
			肉すきうどん	997						
			民芸鍋焼きうどん	997						
1,000	24	60%	旬の天セイロうどん	1,050	長崎ちゃんぽんうどんセット	1,312	セイロそば（2枚）	1,071	味噌ソースかつご膳（単品）	1,312
			旬の釜あげ天ぷらうどん	1,050	黒酢の酸辣スープうどんセット	1,312	カレーのセイロそば	1,102	旬の煮魚ご膳（単品）	1,344
			きのこと野菜の味噌煮込みうどん	1,102	旬の天ぷらうどんセット	1,312	きのこのセイロそば	1,102	旬の天ぷらご膳（単品）	1,344
			民芸カレー鍋うどん	1,102			鴨セイロそば	1,102		
			四川風タンタンうどん	1,102			トマトの彩々そば	1,155		
			海鮮ブイヤベースうどん	1,155			生ゆばとろろそば	1,155		
			海鮮皿うどん	1,155			旬の天セイロそば	1,176		
			手延べセイロうどん（3枚）	1,155			たっぷりトマトそば	1,260		
			ふかひれスープうどん	1,365			セイロそば（3枚）	1,386		
1,400	4	10%							味噌ソースかつご膳（茶碗蒸し付）	1,627
									「民芸ご膳」みやび	1,659
									旬の煮魚ご膳（茶碗蒸し付）	1,659
									旬の天ぷらご膳（茶碗蒸し付）	1,659

9-6 アイテムパワーの考え方

●品揃えの構成を考える

前章でも述べましたが、アイテムパワーと品揃えの考え方は飲食店のメニュー構成を考える時にも考慮します。アイテムパワーとは3、5、7、30、50、70で表されます。

左の表をご覧ください。カテゴリーとしての品揃えを考える際にカテゴリーとして最低成立するアイテム数は3以上必要になります。特に強化したいアイテムはカテゴリーで見た場合は5~7アイテム以上で、主力商品とする場合は30アイテム以上揃えることです。総アイテム数でみた場合は、専門店で成り立つのが最低ラインで30アイテム、品揃えの多い店舗で50アイテム程度になります。70アイテムを超えて揃えていくと、専門店としてはカバーできなくなり「総合店」化していくことになります。

たとえば酒のメニューで見るとワイン専門店のアイテム数は70以上ありました。私の会社の近くの焼酎専門の店舗も同じように70アイテムあります。これほどあると「多いな」と感じます。

●メニューの迫力を出す

アイテムパワーを使うと「品揃えが多いな」と感じさせることができます。つまり、「他とは違う店」と認識することができるのです。

その数の目安となる数字が7、30、70です。アイテムパワーの考え方を基に自店の主力カテゴリーはどの分野にするのか、また競合店の主力カテゴリーはどこなのかを分析して、メニューづくりをしていけば効率的なメニューづくりが可能です。

自店はワイン専門の店舗にしたい、他と圧倒的に差をつけて品目の多い店舗にしたいと思ったら、70アイテム以上のアイテム数を確保することです。またアイテム数を広げすぎると、専門店ではなく総合店化しなければならない数字が70アイテム以上であるということを理解して、カテゴリーのくくり直しやメニューのスクラップ&ビルトを進めます。

アイテムパワーの考え方（メニュー数の参考として考える）

アイテム数	カテゴリーとして成立する数	総アイテム数 専門店として成立する数
3	最低数の品揃え	
5	標準的品揃え	
7	品揃え豊富	
30	主力商品	専門店として成立する 最低ライン
50		品揃え豊富
70		専門店→総合店の品揃え

●アイテムパワーから強化したいアイテム数を決める（居酒屋の例）

アイテム名	アイテム数	位置づけ
デザート	3	最低数の品揃え
焼き鳥	30	主力商品
串揚げ	15	品揃え豊富
総アイテム数	130	総合店

ポイント

アイテムパワーを理解して、競合店のアイテム数を分析すると、主力商品などのアイテムごとの位置付けがわかる

9-7 スタッフのイメージを調べる接客調査

●スタッフ、サービスを見る

飲食店の接客調査はスタッフの清潔感やイメージについて調べます。また注文から商品の出てくる時間（サービス時間）も差別化の重要な要素です。

オペレーション力を判定する上でサービス時間のチェックも定期的に行います。

左の表は接客調査のチェックリストです。まず基本接客事項として8項目があります。

①の「いらっしゃいませ」と大きな声で、笑顔の接客は基本中の基本です。

③の制服の清潔感は飲食の接客を行う上で最低限守らなければいけない項目です。よくラーメン屋などで薄汚れた割烹着のまま注文を聞きに来る店員がいますが、特に主婦には受けがよくないようです。

⑮も③同様に清潔感の演出では重要な項目です。④、⑦、⑩、⑫などの受け答えの場合は、実際に店員を呼んでみて、対応の早さや感じのよさを数値化します。数値化した点数の合計が、満点の6割を満たしていない店は丁寧な接客（教育）ができていない店と考えていいでしょう。

●スタッフのオペレーションレベルを知る

接客のチェック項目を見るだけで、店のスタッフの教育レベルとオペレーションレベルが判断できます。注文から商品が届くまでの時間の調査も同様に店舗オペレーションを判断するのに使います。

時間の目安として、ファーストフードは30秒、居酒屋のファーストドリンクは3〜5分、ファミリーレストランでは7分以内、高級レストランで10分以内が最低限の品出し時間と心得ましょう。これ以上待たされることの多い店はオペレーションレベルが低い店か、店員のモチベーションの低い店舗と判断してよいでしょう。

店舗での接客向上を目指すにはチェックリストを数値化して競合店との接客レベルを比較しておきます。競合店よりもよい接客を行うにはどうすればいいのかチェックリストの評価から判断します。

スタッフのイメージ調査

項目		チェック項目	満点	得点
入店から着席	①	お客様が来店された時、店の雰囲気に合った適度な大きな声で、笑顔で「いらっしゃいませ」がいえるか	5	
	②	入店後お客様を待たせず、すぐに何らかの対応があるか	5	
	③	お客様をお迎えする従業員の制服はキレイか・身だしなみに問題はないか	5	
	④	「こちらの席でよろしいでしょうか？」と、お客様に同調した声かけができているか	5	
	⑤	お客様が荷物をお持ちならば、荷物に対しての配慮を行っているか（荷物の置き場所等）	5	
	⑥	着席時にはお客様に温度感のあるおしぼりを提供できているか	5	
オーダー	⑦	ファーストオーダーでは、自店のおすすめ・季節のおすすめを紹介しているか	5	
	⑧	自分の言葉で料理が説明できているか	5	
	⑨	常にお客様が見える位置にいて、お客様がオーダーを頼みやすいようにしているか	5	
	⑩	オーダーミスのないよう、お客様の注文商品を復唱しているか	5	
商品提供	⑪	商品提供までの時間はかかりすぎていないか	5	
	⑫	「お待たせいたしました」「以上でおそろいでしょうか」「ごゆっくりどうぞ」の３つの言葉をかけているか	5	
	⑬	料理名（料理の説明）をいいながら出しているか	5	
	⑭	熱いものは熱く、冷たいものは冷たく提供できているか	5	
	⑮	食器の持ち方と扱いは丁寧か	5	
ラウンドサービス	⑯	接客は、笑顔でお客様の目を見ているか、心のこもった接客と感じられるか	5	
	⑰	だらだらした動作はなく、てきぱき動いている様子か	5	
	⑱	正しい言葉遣いができているか	5	
	⑲	店員同士の私語が目立たず、お客様の様子を常に気にしているか	5	
	⑳	お客様に呼ばれたら、気持ちよくすぐに対応しているか	5	
会計から店外	㉑	基本的なレジ作業をスムーズにこなし、お客様を待たせないか	5	
	㉒	次回来店を促す販売促進物の提供・言葉掛けができているか	5	
	㉓	「お気をつけてお帰りくださいませ」「次回のご来店をお待ちしています」等を笑顔でいえるか	5	
	㉔	お客様が見えなくなるまでお見送りしているか	5	
合　計			120	

9-8 メニューチェックリスト

●メニューブックを見る

メニューの品揃えや主力カテゴリーの価格施策などを判断すると同時に、メニューをお客様に伝えるメニューブックも重要です。いいメニューブックはいい売場と同じように選びやすく、興味が湧くものです。主力商品の写真の使い方やシーズンに合わせたおすすめ商品が展開されているか、メニューブックのよし悪しで売上が変わります。

競合店のメニューブックも品揃えや商品力を調査した後に主力単品や1番商品がメニューブックできちんと訴求できているかチェックします。メニューブックのチェックリストは左の表を見てください。

①主力カテゴリーが伝わる品揃えの場合、どれだけカテゴリーのアイテムパワーがあるか、また写真などでわかりやすく伝えているかを見ます。

次の②予算のわかりやすいメニューとは、ぱっと見て一人当たりの平均単価がわかりやすく表示してあるか、盛り合わせやセットメニューの価格やビールなどの集客単品の価格がどれくらいなのかわかりやすく表示してあることです。

①と④は自店のイチオシが伝わる表現やおすすめの表示によし悪しをチェックします。

⑤は○○産や○○使用など、商品価値を伝えるコメントがあるかどうか、商品のお得感が伝わる表現がされているかを見ます。

⑥~⑧は、見たままをチェックしますが、ほかの店との違いや、客単価をアップするセットメニューの表現の仕方などを調べます。

●メニューブックで打ち出し方がわかる

全体にメニューブックの仕上がりは、売上にも影響するので、各店のメニューブックで何が打ち出されているのかは把握しておくことが必要です。特にアイテムパワーで調べたアイテムの位置付けとメニューブックの打ち出し商品が合っているかも見ます。飲酒店のメニューブックは小売店の売場での訴求と同じと心得て、丹念に見ておきましょう。

メニューのチェック項目

	項目	満点	得点
①	主力カテゴリー（コンセプト）が伝わる品揃えである	5	
②	予算のわかりやすいメニューである	5	
③	メニューブックを通して一番商品が明確に伝わる	5	
④	メニューブックを通して自店のこだわりが伝わる	5	
⑤	商品のお値打ち感が伝わるメニューブックである	5	
⑥	品揃えを訴求できるメニューブックである	5	
⑦	他店と差別化がひと目でわかるメニューである	5	
⑧	客単価をアップさせるメニューがある	5	
合計		40	

ポイント

おすすめメニューが伝わるかがメニューのポイント。

メニューブックの構成とアイテムパワーの主力商品との関連性も見る。打ち出したいアイテムが表現できているのが、いいメニュー（売れるカタログ）になる。

9-9 同じ名前のメニューを比較する

●定番メニューを見る

飲食店ではメニューの中で競合店と同じ名前のメニューが存在することがあります。「日替わり定食」や「さぬき膳」などの誰もが聞いたことのある同じ名前がついているメニューのことですが、実際に中身は店舗によってかなり違います。

商品比較はそのものズバリ、同じ名前のメニューについて内容を吟味してみることです。ある「うどん・そば」店の商品比較では「そば膳」のメニューの中身はA店が①サラダ、②そば、③ごはん、④つくね、⑤かき揚げ、⑥カモ肉ハム、⑦ゴマソース、⑧白合え、⑨そばケーキ、⑩コーヒーで価格は１８００円でした。同じ商品名でＢ店は①そば、②ごはん、③かき揚げ、④おひたし、⑤漬物で１１００円です。同じ名前のメニューでも価格と商品構成に大きな差があります。

主力カテゴリーで競合店と重なっている商品に関しては商品比較を行い、メニューの中身を吟味して価格と商品内容について検討を行います。

●バランスをとってほかの店と差別化する

中身と価格の調査ができたら、差別化を図ります。競合店よりも価格で勝ちたい場合は、商品の中身を減らしてお手ごろ価格にしていきます。逆に競合店よりも高い客単価を狙っている商品については内容を豪華にして価格を上げていきます。お値打ち訴求とボリューム訴求のバランスをとっていくことで他店と差別化をしていきます。

商品については見た目も大事ですので、できれば競合点で注文した商品を覚えて、イラストなどで残しておくなどヴィジュアルで確認できるようにしておくことも重要です。また、調査者のコメントを必ずつけておきましょう。先ほどのA店の「そば膳」は、「サラダからはじまり、商品は4回に分けて提供された。そのため常にできたての状態で食べることができた」と店舗のこだわりが感じられるコメントがありました。

単なる商品の内容比較ではなく、感じたこともコメントとして共有化することも大切です。

同じ名前のメニューは中身が決め手

9-10 飲食店繁盛のポイントはお値打ち感とシズル感

●お値打ち感とシズル感を出す

飲食業では「お値打ち感」と「シズル感」が重要な繁盛ポイントになります。最後に競合店と自店のポジショニングマップを作成します。縦軸に「お値打ち感」の軸、横軸には「シズル感」の軸です。

シズル感とは、できたて感などの新鮮さの演出のことです。左の表のチェックリストを基にしてお値打ち感とシズル感のポジショニングを判断しましょう。①の価格に対するお得感は「商品力調査」から導き出せます。②の食材へのこだわりも「メニュー調査」や「店頭調査」から判断できます。③の色彩感は「商品比較調査」などから④のボリューム感も「商品力調査」などから導きだすことが可能です。

①~④のお値打ち感については全体の雰囲気や商品の見栄え、売場での演出で総合的に判断します。

●シズル感とは

⑤の商品が「あつあつ」で提供されているかは「接客力調査」の品出し時間やサービスの時間からも判断できます。⑥の味については試食してみての各自の判断になりますが、これはサンプルが多い、つまり複数の調査員で調べてみるほうがいいでしょう。味の判断は個々人で感じ方が違うので10人以上の感想をまとめるのが理想的です。⑦の他店との違いのほかにも、産地直送感が売場で演出されているかは「店頭調査」できちんと調べておきたいところです。⑧の器のチョイスなどは全体の演出になります。

ポジショニングの理想でいえば「お値打ち感」も「シズル感」も高いポジショニングができているところが繁盛店ということになります。飲食店では「お値打ち感」と「シズル感」の演出を高めていくことが繁盛店の第一歩ということになります。

この「シズル感」は飲食店にとって大事な調査です。本物感やお得感が伝わり、実際の価格よりも安く感じる店かどうかを調べることです。地域で1番の「お値打ち感」「シズル感」のある店づくりを進めていきたいところです。

シズル感チェックリスト

	項目	満点	得点
1	価格に対して商品がお得を感じられる（お得感）	5	
2	食材のこだわりがある（本物感）	5	
3	彩りが鮮やかで盛り付けにも工夫がある（色彩感）	5	
4	見た目のボリューム感がある	5	
	お値打ち感合計	20	
5	商品があつあつで提供されている（シズル感）	5	
6	味はおいしく感じられる	5	
7	他店との違いが明確な商品がある	5	
8	器に対するこだわりがある	5	
	シズル感合計	20	

ポイント

シズル感がある店が繁盛店のポイントなので、特にこの調査は大切。
本物感やお得感が伝わり、価格／価値で値ごろな店かどうかを判断する。
点数が高い店のシズル感について話し合ってみよう。

調査

10章

経営に活かす競合店

10-1 アクションプランをつくろう

●行動に移す

この本では様々な競合店調査の手法について述べてきました。しかし、せっかく競合店やモデル店について調べても、競合店調査から学んだことを現場に反映し、改善点を見つけて行動に移すアクションプランの作成なくしては、競合店調査を活かすことにはなりません。

よいアクションプラン作成の第一歩は調査内容をきちんと分析することです。まず、調査結果の内容について社内に公開しましょう。調査結果は現状の自店や競合店の事実を明確に示しています。この事実を知り、感じたことをじっくりと話し合います。

多くの店舗や会社で調査内容の開示が不十分な場合があります。調査の内容にもよりますが、できるだけ多くの人と現状認識を共有しておくことが重要です。現状を知らなければ改革や改善に対して懐疑的な意見が出やすいからです。

●事実を基にした改善計画を

あるアパレルメーカーでは、企画担当者が毎月1回渋谷でタウンウォッチングをしていました。町を行き交う若者のファッションや持ち物をチェックして感じたことをレポートにして企画担当者で共有していました。しかし、新しい企画を販売や売場に落とし込むスピードは遅く、なかなかヒット商品が生まれませんでした。

しかしその後、この企画担当者の調査結果を、月1回の店長ミーティングやスタッフミーティングで積極的に開示してから業績はうなぎのぼりになったといいます。販売や売場担当者が事実を基にした行動計画に納得して行動できたからです。

企業では様々な調査を実施しています。しかし、調査自体が目的になっており、調査内容を全社に開示して問題点を共有するところまで調査を活かしている企業は少ないようです。まして、調査結果から改善のアクションプランに落とし込むことは意識しないと非常に難しいといえるでしょう。

調査という事実を基にした改善計画はそれ自体が行動に対する自信になるのです。

競合店調査をまとめる

●調査ポイント比較

		○△ショップ	△△ストア	○○センター
入口	看板	店舗300メートル付近で認識。若干認識しにくい。	幹線道路沿いにあり、看板も大きい。少し曲がり角にあり100メートル前で確認。	道路入り組んだところ。看板はとくになし。注意深く探さなければ見落とす。
	駐車場・駐車台数	約20台が駐車可能。車幅狭く駐車はしにくい。	約40台が駐車可能。車幅広く駐車はしやすい。	約８台が駐車可能だが、境界線なく駐車しにく
店頭	ファサード	緑を基調にした明るいイメージ。	青と黄色の明るい雰囲気。	開いてるの？って疑いたくなるほど暗い。
店内	買い取りカウンター	きれいな落ち着いたイメージ。	専用買い取りカウンターがある。店員は修理作業をしながらその場にいる。	買い取りカウンターは販売カウンターと同じ。周囲は乱雑に散らかっている。後ろには蛇口があり、汚れが目立つ。
	作業スペース	レジカウンター後方に作業台を設置している。２メートル弱の作業台で荷物が散乱。査定と商品加工を同時に行っている。	カウンターとバックヤードにある。買い取りカウンター上で修理しながら受付をしているため、持ってきた物が起き辛いことも。	カウンターで行うため、買い取り中に邪魔になる。
	休憩スペース	特になし。	特になし。	特になし。
	POP・チラシ	POPはほとんどない。チラシはレジカウンターに設置している。	ジャンク品、POPの色説明、お売りください、出張買取り案内、リサイクル品買取りの説明などのPOPあり。チラシはレジカウンターにパンフ。	POPはなし。チラシは入口付近にあり。
	売場表示	衣料、ギフト、などの表示はあり。衣料品のサイズ表示や家電の保証などについての説明はあり。	ソフト、楽器、オーディオ、ジャンク品など部門ごとに表示あり。	とくになし。売場の区切りも大雑把で陳列に問題あり。
従業員	従業員数	男性１名（20代）、女性１名（20代）	男性２名（40代、30代）、女性１名（20代）	男性１名（40代）、女性１名（40代）
	接客態度	明るい対応で「いらっしゃいませ」「ありがとうございました」の基本用語はできている。	機械的でマニュアル通りにこなし、冷たい感じがした。	女性は「近所のおばちゃん」という感じ。親しみはもてるがどこかがさつな対応。男性が商品を運んでくれる。
	査定基準	チェーン店の査定マニュアルを基準にしている。ただしブランド品に関しては基準はあいまい。	パソコン内にデータがある。型番・年式でチェックする。	勘に頼った査定。マニュアル等は特になし。男性店員が家電担当。女性がそれ以外を受け持つ。
	査定時間	約25分。少し時間がかかっているが、合格点ではある。	待ち時間はなし。	待ち時間はなし。
	書類記入の有無	あり。	特になし。	特になし。
	書類記入項目	氏名、住所、電話番号、免許証の提出。	特になし。	特になし。
	商品の確認	特になし。	特になし。	特になし。
	査定待ち時間の提示	「約30分かかります」と聞かれてから答える。	特になし。	特になし。
	呼び出し時の対応	番号札を渡していたにもかかわらず、名前を放送される。	特に呼ばれず。	お客様と呼ばれた。
	査定額の提示	あり。口頭と査定受付表をみせる。	あり。口頭で伝える。	あり。ただ、一品ごとに出すのは拒否。
	査定基準の説明	あり。ファイルを見せて査定表の存在をアピー	あり。型番と年式で決まる。	あり。ただ、あいまいな基準。
	POS活用	なし。	あり。パソコンに型番・年式等を打ち込み確認。	なし。
	クロージング	車までテレビを運んでくれて「ありがとうございます」のひとこと。感じは悪くは無い。	「ありがとうございました」のひとこともなかった。	テレビを運び出してくれる。アットホームな雰囲気ではある。

●競合店調査

●競合店価格帯

価格	
1,200円	
1,000円	△
900円	○
800円	◎
700円	○
600円	△
500円	
300円	

●自店提案価格帯

価格	
2,000円	
1,800円	
1,500円	
1,300円	△
1,000円	○
800円	◎
500円	○
300円	△

競合店の価格帯から、自店の価格戦略を決定。
下限を競合店より低い300円、上限を1,300円として価格帯の安さ感を出す。

ポイント

調査のポイントを一覧にまとめて、検討する。価格調査では自店の価格帯を決定する。

10-2 調査の分析手法

●分析から自店を考える

競合店調査を行ったら分析をします。分析といっても難しく考えないで、調査の結果を項目ごとに比較してみます。

比較することで競合店のいい点、悪い点が見えてきます。何店かの競合店を調査したのなら、数店舗分の比較表をつくります。

たとえば主力商品の店頭での数について比較してみます。A店は10個、B店は12個、C店は8個でした。その数を踏まえて、自店は何個置けばいいのかを考えます。

差別化の数字を基本に考えてみると、地域で1番になりたいのであれば1・3倍以上、より優位に差をつけたいのなら1・7倍、短期間に圧倒的な差をつけたいのなら3倍の品揃えをすればいい、という目標の数が導き出されます。

こうして何でも比較することによって自店はどう行動をすればいいのかという目標値を導き出すのが分析段階で行うことです。

●認識を共有する

分析ではどの店舗がよかったのか、またどの部分がよかったのかを明らかにすることも重要です。比較表を作成したら、項目ごとによかった点をまとめてみます。また、主観でいいので調査した店を順位付けしてみましょう。

これは、できるだけ多くの人の意見が入ったほうがいいと思います。「A店が1番よかったという人が何人いたから1位」のような簡単なまとめ方でもいいと思います。

一人の人がランク付けした場合は主観的になりすぎるためです。また、多くの人の意見を取りまとめることで気づかなかった点が浮かび上がります。調査の結果をたくさんの人で共有し合って、調査から導き出された行動計画や数値目標の達成に向けてチームをひとつにしていきます。

競合店の調査分析・比較表を作成して公表することは、組織の認識をまとめる効果があるのです。

何でも比較することで対策を検討する

●リサイクル店の買取接客比較

買取調査商品		A店	B店	C店	D店	F店	E店
店員数（買取ブース）		2名	3名	5名	1名	1名	1名
担当店員		女性	男性	女性	女性	男性	男性
服装・名札		スーツ 名札なし	カジュアル 名札あり	ユニフォーム 名札あり	ユニフォーム 名札あり	カジュアル 名札なし	ユニフォーム 名札あり
接客態度	総合	担当の人の対応はよかったが、もう1人の店員が店舗内で作業をしていた。	言葉は丁寧ではあるが、対応は機械的でコミュニケーションを図る気はあまりないようである。	閉店時間で忙しいのかわからないが、淡々と説明をしているだけであった。	終始笑顔でこちらの質問にも的確に答えてくれた。顧客とのコミュニケーションを積極的に図ろうとしている。	こちらの質問に対して大雑把に答えたり、顧客に対してあまり関心を持っていないような対応であった。	椅子やソファーがあり、査定中にくつろぐスペースはあるが、メガネを買いに来た顧客と同じスペースであるのが気まずいと感じた。
	表情	○	△	△	○	△	○
	言葉使い	○	○	○	○	△	○
	対応	○	△	△	◎	△	○
査定時間		4分	10分	25分	13分	3分	25分
その他気づいた点		特になし	特になし	特になし	会社独自の価格表を見せてくれた	特になし	名刺をくれた
買取価格の明示方法		口頭のみでの説明	買取伝票をもとに説明	買取伝票をもとに説明	買取伝票をもとに説明	口頭のみでの説明	買取伝票をもとに説明

接客力が高かったと感じたのは、D店である。買取金額について何故この値段になるのかを一つひとつ丁寧に説明してくれただけではなく、買取には関係のない話をしながらコミュニケーションをとった。

ほかの5店舗では、買取金額に関する話のみで終わるケースがほとんどであった。自店としては、買取価格＋コト、つまりサービス面を強化することで顧客の獲得を目指していく必要がある。

●競合店の金の買取価格一覧

（円）

	買取調査商品	重量（g）	A店	B店	C店	D店	E店	F店
①	K18　ネックレス	17.0	46,000	39,000	160	22,814	75,000	27,170
②	K18　ブレスレッド	7.8			100	10,467		
③	K18　喜平ネックレス	8.2			11,900	11,004		8,932
④	K18　プチダイヤ付ネックレス	4.3			400	5,770		4,949
⑤	K18　セリーヌピアス	3.5			200	4,697		4,876
⑥	K18WG　ネックレス	2.6			200	2,668		2,568
⑦	Pt900　リング	3.4	20,000	6,900	240	9,948		7,095
⑧	Pt900　ペンダントTOP	2.3	9,000	－	200	6,729	4,558	
	買取合計	－	75,000	45,900	13,400	74,097	約79,558	55,590

ポイント

調査分析は、まず結果を項目別に、一覧性の高い表にまとめて、事実を整理していくことからはじめるとわかりやすい。

10-3 行動計画を作成する

●行動計画を共有する

調査の分析が終わり、組織として取り組むべき課題が明らかになれば、次に行動計画を策定します。行動計画とは、①誰が、②いつまでに、③どのように、実行していくかの行程表です。調査をして分析して、やるべきことが明確になっても、この行動計画が作成され、実行されなければ何も変わりません。行動計画表はタイムスケジュールです。特に、「いつまでに改善実行するのか」を明記することが重要です。また、どのように実行するのかを各担当者がよく理解することです。行動計画に落とし込むには改善の目的を関係するメンバーで共有します。また、改善のための調査報告会を担当者の間で行い、改善点や内容についてメンバーでよく話し合い吟味します。そして、調査結果から導き出された改善点をメンバー全員で共有し、納得してから行動をはじめます。

●改善・実行の流れをつくる

改善計画を実行に移すには改善すべきテーマを決めます。たとえば食品スーパーの場合、チーズの品揃えを強化したいと思い、チーズの品揃えを調査しました。調査の結果は、どの店舗も同じようなものでした。調査結果から、チーズの品揃えを地域で1番多く持ち、地域にはない珍しい商品を置くことになりました。同時にワインの強化も進めます。チーズ強化を計画に移す際に、結果を測定しやすくするために売上や利益、客数など数値目標も設定します。

改善の目的や理由が担当者間で十分に共有されたら、次に行動計画の策定に移ります。行動計画ではチーズの品揃えを増やすための業者や仕入先の開拓を仕入れ担当者が行います。また、売場での陳列位置の変更を売り場担当者が期限までに取り組まなければなりません。ＰＯＰの作成やチラシでの打ち出しなど担当ごとにやるべきことと期限を決めます。また、行動シートを作成して、売場の変更が完了したら実際に売上や利益が計画通りに推移しているかチェックします。実際に計画した通りにいかない場合は、何が問題なのかを担当者同士で話し合い、改善→実行していきます。

対策と行動計画表をつくる

●リサイクル店の例

	カテゴリー	競合との状況	強化する点	誰が	いつまでに
主力商品	家具	自店は家具の品揃えで競合店を上回っている。売場面積も広く、さらなる品揃え強化が可能。	市場や新古品などの仕入れを含めた家具の品揃え強化。１８０センチ幅以上の大型家具をそろえる。	家具担当者が市場での仕入れを強化	来週には家具の仕入れ発注し、在庫する。
準主力商品	家電	家電品は競合店に比べ品揃えが不足気味。特にデジタル家電が少ない。冷蔵庫、洗濯機の白物家電は仕入れ商品を中心に自店が上回る。	得意の白もの家電の商品量を競合店の1.7倍以上在庫する。平均で10台のところを20台以上の在庫にする。デジタル家電は買取価格を上げて対応。	家電担当者	月初には仕入れより品揃えを強化し20台の在庫する。買取価格の変更は明日よりスタッフに指示。
その他	衣料品	衣料品は品揃え、在庫量ともに競合店の３分の２である。売場面積も狭く在庫を増やすには工夫がいる。	在庫量を置くために什器を高くするなどの工夫を行う。品出しできていない商品を出す。	衣料品担当者	今月の20日までにレイアウト変更の計画を提出。来月の10日までに什器を購入して在庫を増やす。

ポイント

商品分類別に調査から結論づけた行動計画を作成する。必ず表にして、誰もが確認できるようにする。

10-4 調査のクセづけ

●マンネリ化を防ぐ

競合店調査は日々の調査を通じて「何かで1番を目指す」組織をつくることが目的です。つまり自分の店舗を磨くというクセづけと全スタッフとの目的・問題意識を共有化することができれば競合店調査の目的はほぼ達成できたと思います。また、小売店や飲食店で気をつけなければいけないのが「マンネリ化」現象です。どんな仕事でもそうですが、現状に満足し進化することを忘れた時点で衰退がはじまります。時代の変化を敏感に感じ、自らを磨く意識を持つ組織をつくるということです。店舗のスタッフ自身が日々の業務を定型化してしまい、お客様に飽きられてしまってはすぐに売上が落ちていきます。危険なのはこのマンネリ化現象に誰も気づかないことです。

経営の現場で競合店やモデル店を意識することは「マンネリ化」現象を抑止することになります。常に変化する競合店やモデル店を感じることで自店や自分たち自身の向上心を持ち続けることができれば「なくてはならない店」「ほかとは違う独自の店」になるはずです。

●常に競合との戦いを感じる意識づけ

大勢の経営者と話して感じることは、競争心が旺盛で負けず嫌いの社長ほど、競合店を意識していることです。たとえば、ある喫茶店チェーンのオーナー社長は毎日の客数を競合店と比べて「勝った、負けた」と勝負を意識していました。大手パチンコチェーンのオーナーも同じようにして現場に檄を飛ばしたといいます。大きく成長する会社や店舗は常に競合との戦いを感じる仕組みを持って、経営や現場への意識づけやクセづけをしています。ライバルを持ち意識することで常に自店の成長への動機づけとしてきたのです。

常に競合店との戦いを感じる意識づけをスタッフにもわかりやすくすること。ある種の緊張感を店舗のスタッフに与えることや、ゲーム感覚で競争心を植えつけることができれば自然と会社は伸びていきます。伸びる会社は競合店調査を自店のモチベーションアップの手法や人材育成に利用しているのです。

他店をライバル視すれば違いがみえる

WELCOM
PACHIN
むむ、うちの店より
客が多いな・・・
カチ
カチ
負けず嫌いな社長ほど
競合店を意識している

10-5 地域でのポジショニングを意識するクセづけ

●自店のポジションを知る

競合店調査を会社の習慣化にして、店舗をよくするには組織へのクセづけが大切です。まず、意識していきたいのは自店のポジションがどこにあるかということです。自店のポジショニングを常に考えるクセづけは向上心と競争心の源です。

まずは自店の市場規模がどれくらいあるのかという算出と、それに対して自店のシェアを考えるクセが大切です。ある雑誌で大手ウェディング会社の創業オーナーが「何か興味あるものがあれば、どんなものでも市場規模がどれくらいあって、ビジネスチャンスがどれくらいあるのか計算する」という趣旨のことを語っていたのですが、常に市場を意識して数字化するクセをつけていきたいものです。

●市場規模から考える

船井総研でも、毎年1回、各種商品やサービスの市場規模を算出する手法のひとつとして、マーケットサイズ表（MS表）を発表しています。これは、各種の商品やサービスが商圏内でどれくらいの潜在的な市場規模があるのかを算出するのに非常に便利な数字です。

MS表にある商品なら、どこの地域に行っても、商圏内でどれくいらいの市場規模があるのかを計算できます。自店で扱っている商品の売上数値から、市場のシェアをどれくらい確保できているのかを瞬時に判断できることから、コンサルティングを進める上でも非常に便利なものです。

この表によって市場規模を把握し、どれくらいの潜在的な売上が見込め、シェアから自店の順位が商圏内で何番目であるかわかることで、戦略が立てやすくなるのです。

競合店調査や市場調査をする中で、「市場規模から考える」「ポジショニングから考える」「シェアから考える」、この3つのクセづけを経営者や幹部はもちろんのこと、従業員やスタッフまで徹底できれば、繁盛する店や組織づくりができます。

大分類（業種）別マーケットサイズ

	No.	大分類（業種）	一人当り消費支出金額
小売業・その他	1	化粧品	13,010
	2	薬	21,420
	3	消耗雑貨	16,540
	4	家庭用品	5,410
	5	文具・事務用品	10,510
	6	玩具	8,770
	7	書籍	14,550
	8	セルCD・ビデオ・楽器	4,570
	9	時計	2,880
	10	メガネ・補聴器	4,260
	11	宝石	8,390
	12	カー用品	11,140
	13	スポーツ用品	14,420
	14	釣具	1,300
	15	自転車・バイク	11,915
	16	DIY・大工	8,700
	17	園芸・切花	7,640
	18	ペット	5,450
	19	家電	65,830
	20	カメラ・光学	4,100
	21	家具	11,750
	22	寝具	6,590
	23	インテリア	5,860
	24	衣料	80,280
	25	呉服	2,330
	26	服飾雑貨	4,300
	27	手芸	1,380
	28	バッグ・鞄	5,980
	29	靴	11,210
	30	食品	233,380
	31	ガソリン	120,410
	32	携帯電話	55,500
	33	墓石	1,460
	34	仏壇・仏具	2,360
	35	中古CD、本	1,550
	36	リサイクル・リユース	8,400
	37	作業服	760
	38	新聞販売店	9,260
	39	畳	1,050

	No.	大分類（業種）	一人当り消費支出金額
	40	新築	54,080
	41	中古住宅	10,270
	42	中古車	10,660
		小売業・その他計	879,625
サービス業	43	飲食	102,830
	44	アミューズメント	8,830
	45	パチンコ	150,910
	46	温浴施設	9,280
	47	美容・理容	14,770
	48	エステティック	3,280
	49	写真スタジオ	1,690
	50	シルバービジネス	59,190
	51	学習塾	10,120
	52	家庭教師	3,130
	53	幼稚園	6,340
	54	自動車教習所（指定教習所）	3,470
	55	カルチャー教室	11,000
	56	テニススクール	450
	57	ゴルフスクール・レンジ	1,160
	58	ビデオ・CDレンタル	2,850
	59	クリーニング	2,693
	60	リフォーム	36,590
	61	白アリ	1,880
	62	ハウスクリーニング	900
	63	葬祭業	11,560
		サービス業計	442,923
医療	64	接骨（整骨）	2,740
	65	整形外科	5,910
	66	小児科	2,740
	67	内科	42,860
	68	精神科	1,940
	69	産婦人科	6,530
	70	歯科	20,050
	71	眼科医	6,620
	72	耳鼻科	5,590
	73	動物病院	3,640
		医療計	98,620
	74	スマートエネルギー関連	21,330
		合　計	1,442,498

注1：このマーケットサイズ表はすべての業種を網羅しているわけではなく、また重複して掲載している項目もあるため小売業計、サービス業計、合計欄の金額はあくまでも参考として設けました。

2012年度マーケットサイズ表　船井総合研究所

10-6 客観的なデータを集める収集グセ

●定期性がモノをいう

客観的なデータを集めるクセづけや客観的データを基に話をするクセづけも競合店調査を習慣化する中で身につくクセです。多くの企業、特に中小企業ほど客観的な資料や数値的な目標を決めずに行動します。そのためすべてがあいまいになってしまうのです。客観的な資料や事実を集めるクセづけは、こうしたあいまいな企業の社風や風土を刷新させる効果があります。

実際に競合店調査を定期的にした結果、調査を基に商品や売場について会議を進めていくと明確な目標や意識づけができていく企業をたくさん見てきました。競合店調査を定期的に行い、調査をベースに話を進めることでこうした意識づけが定着します。

あるレンタルビデオ店で競合店調査をしました。この店舗では韓流ドラマでの1番化を目指していましたが、勝っていると思っていた競合店にタイトル数で負けていました。それ以降毎月、韓流のタイトル数を調査して品揃えに反映しています。調査によって明確な数値目標ができ、具体的な行動に落とし込めたのです。

●事実を基に話を進める

コンサルティングの現場で私が経験してきたことですが、事実をベースに話を進めると説得力が違います。よくお付き合い先で新しいプロジェクトが始動した時に否定的な意見を持つ人がいます。否定的な意見を持つ人は単なる提案には懐疑的な態度をとります。多くの人たちが「そんなことをしても無駄でしょう」「何の根拠があってするのですか」と考えています。そうした方にも競合店調査や市場調査といった事実を提示すると話を聞いてくれます。そしてその事実を分析した中の改善提案を行うと少し前向きな意見が出てきます。思いつきやひらめきから出たアイデアほど行動しない理由を与えてしまいます。事実を基に全員で考える場を提供することは大切ですし、客観的に事象を捉えるクセづけを組織に浸透させるには競合店調査ほど役に立つものはありません。事実、成長する会社ほど市場の分析など様々な調査資料を多くの社員が知っているのには驚きます。

調査事実がモノをいう

10-7 迷ったら調べる！

●調べることが基本

競合店調査をすると様々なヒントが出てきます。我われコンサルタントは調査が仕事の基本です。お客様から「○○について知りたい」というご依頼や「○○の業態をつくってみたい」という依頼をいただいたら、自分たちに十分な知識がない場合でもモデル店の調査をすることで、その業態のポイントがわかります。また、しかるべき提案も調査の中から出てきます。モデル店を調査することで商売に対するヒントが得られるからです。このほかにも自店の業績が低迷した時に他店ではどうやって売っているのかを調べてみると、「なるほどな」といった解決策が出てきます。

これまでの経験で、「迷ったら調査をすれば解決できる」ことがたくさんあると学びました。

●迷ったらとにかく店舗を見に行く

経営者やリーダーも〝迷ったら〟、競合店やモデル店の調査をすることです。店舗を視察したり、調査をする目的は何らかの答えを導き出したり、自分たちのやっていることの方向性を確認するためです。ただ単に店舗を調べているだけでは意味がありませんし、長続きしません。

あるレンタルビデオ店のオーナーも「迷ったら店を見に行く」ことがクセになっています。売上が低迷したり、経営で決断しなければならなくなった時はとにかく店舗を見に行きます。ある時は同業者を１００店舗見に行ったり、あるときは海外までモデル店を探しに行かれます。思い悩んでいるよりも「見て感じることに」答えがあるといいます。成功している経営者は皆、「悩んだら」店舗を見に行き、調査をしているのです。

私もお付き合い先の社長にはモデル店や繁盛店があればできるだけ見に行くようにおすすめしています。話題の店舗には何らかのヒントがあるからです。業績低迷している店舗があれば店舗視察ツアーを企画しましょう。店長はなかなか遠くの店舗を見に行く機会がないので、会社で企画してあげると勉強になるようです。競合店調査を経営に活かしている会社は「迷ったら店舗を見に行く」ことがクセになっている会社です。

他店を見に行くことをクセづける

10-8 ライバルを持とう

●ライバルとのいい関係

「ライバルはいたほうがいい」と思います。強力なライバルが存在することでお互いに切磋琢磨するからです。競合店調査はまさにライバルとの比較です。

ライバルの動向を知ることによって、ライバルよりも一歩でもリードしたいと願う情熱があれば競合店調査は自ずと必要になるのです。

ライバルとのいい関係があれば業界は発展します。自動車会社のトヨタとホンダ、電気業界での松下とソニーのようにライバル企業が強力であればあるほど業界は発展していきます。いいライバルを持って常に意識することは自店の発展にもなるのです。

●いい店をつくりたいという情熱を持とう

どんな経営者でもライバルを意識していない人はいません。しかし、競合店よりもいい店をつくりたいと思う情熱には差があります。その差が競合店調査に表れているようです。

私がコンサルティングしているリサイクルショップの30代の経営者は、非常に勉強熱心で向上心のある方です。常に業界のトップを目指して経営されています。いつも近隣の同業のことが気になって定期的に売場の視察や調査をしています。近隣には業界トップの店舗があり、毎週、何か新しいものはないかを探しています。常に競合店を見ては「まだまだ負けていますね！」といいながらも着実に店舗を改善しています。

経営者の意識もそれぞれです。意識の低い経営者は競合店を見に行っても、「私の店舗では真似できませんよ」といって同業のことを知ろうとしません。当然、業績の差にもはっきりと出ており、前述のリサイクルショップの経営者の店は順調に業績を伸ばしていますが、経営者の意識が低い店は停滞しています。競合店調査をするということは、経営の意識を高めることです。何回も同じ店を見に行っても、意識が高ければ、感じる点が多いのです。やはり、店舗や会社を伸ばそうと思うのなら、ライバルを持って、常にライバルを意識して経営をしていかなければならないと思います。

ライバルを持って情熱を保とう

10-9 魅力ある店舗をつくる

●落ち込んでいる暇はない

競合店と比較することで自信をなくすオーナーもいます。しかし、競合店調査は比較するだけでなく、いかに1番になれる場所やモノを探すためにあります。小売業にとっての競合店調査の目的のひとつは「魅力ある店をつくる」ことです。魅力ある店舗をつくるには「1番商品」をひとつでも多くつくり、磨き込むことです。自店の1番の主力商品をいかに際立たせるか、そのために競合店の商品量やアイテム数、陳列などを総合的に評価して対策を立てます。1番商品は集客の目玉であり、収益の柱であり、店舗のすべてです。「あの店にはあの商品があるから買いに行こう」と思わせる商品をつくるために様々な努力をします。競合店調査はなんとかして自店の1番を見つけ「魅力ある店舗をつくるために行う」のです。比較して落ち込む暇はありません。

●1番商品をつくる

1番商品のある店とない店では集客に大きな差が出ます。たとえばテーマパークの調査をしてわかったことは、繁盛店には誰もがわかる1番商品があることです。テーマパークの頂点はディズニーランドです。ディズニーランドの1番商品はディズニーランドでしか味わえない体験です。そして思い出を形にするキャラクター商品です。

同じテーマパークでも地方にある牧場型や農園型のテーマパークでは、「ソーセージ」や「プリン」「シュークリーム」などの1番商品を育成しているところが繁盛店です。

ある繁盛テーマパークをヒアリングしてわかったことですが、地方のテーマパークの1番商品は、地域性や競合状況を調査して綿密に計画しています。商圏内に産地でつくったソーセージを出す施設がない場合はソーセージ類を前面に出し、逆に昔から産地製造のソーセージを出す施設がある場合は、シュークリームなどスイーツを1番商品にします。競合店や商圏調査は地域の1番商品、名物商品をつくるためにあることを忘れず、1番商品づくりへの熱意を込めて実施する経営風土づくりが大切になります。

1番商品は必ず見つけよう

10-10 保守7割革新3割の変化思考を持とう

●時代の変化を感じる

小売店が時流の変化に耐えて繁盛し続けるには「お客様に飽きられない」ことが大切です。経営は変化対応業といわれます。時代の変化に合わせて自らを変えていくことが経営者の仕事であり、永続する企業づくりの根本です。

しかし、時代に合わせて変化することは非常に難しく、逆に時代の変化を読み間違えるとお客様が離れてしまいます。時代の変化を敏感に感じ取るには情報収集が大切です。新聞や雑誌などの二次的な事象ではなく、現場から感じる一次的な事象が重要です。現場の情報、生の変化を素早く経営に取り込むためにも競合店調査やモデル店調査をするのです。

繁盛し続ける店舗や企業は定期的なリニューアルをしています。こうした企業は常に危機感を持ち、変化対応する企業風土があります。変化し続ける店舗や企業は毎年新しいことをしています。ただし、毎年大幅なリニューアルを行っていては資金的にも続きません。そこで、変化している店舗や企業は全体の3割を変えていることが多いのです。

●普段の生活から変化の芽を見つける

たとえば、コンビニエンスストアの棚割りや商品構成は毎月全体の3割近く入れ替えます。死に筋の3割を見つけて新しい商品を入れることで鮮度を保っているのです。3割以上の商品構成を大きく変えてしまうとまったく違う店になってしまいます。変化はやりすぎてはいけないが、新鮮さを感じる程度には変えなければお客様には伝わりません。店舗リニューアルを成功に導くには経営者を筆頭に保守7割、革新3割の変化の思考を常に持つことです。そのためにもほかの店舗はどんな変化をしようとしているのかに興味を持つことです。そして、どんな時も何か変化の芽を見つけたらすぐに調べて実行する行動力を持つことです。

そのためにも競合店調査やモデル店調査を単なる調査で終わらすのではなく、競合店のいいところを取り込み、すぐに実行する、経営に活かす仕組みづくりが必要です。

常に変わり続けよう

著者略歴

野田　芳成（のだ　よしなり）

地域経済活性化支援機構　マネージャー

1969年生まれ。船井総合研究所のシニア経営コンサルタントを経て、現在は地域活性化・企業再生業務に携わる。
小売業・リサイクルショップの開発やスタッフ教育に加え、レンタルビデオ＆DVDショップ、ビデオ＆DVDショップ、ゲームショップ、古本屋、中古ブランドショップなどへのコンサルティングも提供。店舗開発、出店時の店舗構築、店舗活性化ノウハウに通じている。小売店やサービス業など500社を超える商圏調査や競合店調査を基にした「競合店対策」のプロ。

地域1番店になる！
「競合店調査」の上手なすすめ方

平成21年11月４日　初版発行
平成30年４月10日　４刷発行

著　者――野田芳成
発行者――中島治久

発行所――同文舘出版株式会社
東京都千代田区神田神保町1-41　〒101-0051
電話　営業03(3294)1801　編集03(3294)1802
振替00100-8-42935
http://www.dobunkan.co.jp/

ISBN978-4-495-58621-8
印刷／製本：三美印刷　Printed in Japan 2009